"十三五"国家重点出版物出版规划项目
面向可持续发展的土建类工程教育丛书

画法几何与土木建筑制图习题集

主　编　王晓燕　谢美芝　罗慧中
副主编　韦永恒　周金娥
参　编　陈倩华　严利娥　孟勇军　廖丽萍　孙桂凯

机械工业出版社

本习题集是按照教育部颁发的《普通高等院校工程图学课程教学基本要求》和现行的相关国家标准,在总结多年教学改革经验的基础上组织编写的。

本习题集与《画法几何与土木建筑制图》(谢美芝、王晓燕、陈倩华主编)配套使用,在内容体系和编排顺序上与主干教材保持一致。

本习题集可作为高等院校土木建筑类及相关专业的教材,也可供函授大学、电视大学、成人高校等有关专业选用。

本习题集配有习题答案,免费提供给选用本习题集的授课教师。

图书在版编目(CIP)数据

画法几何与土木建筑制图习题集/王晓燕,谢美芝,罗慧中主编. —北京:机械工业出版社,2019.9 (2025.6重印)
(面向可持续发展的土建类工程教育丛书)
"十三五"国家重点出版物出版规划项目
ISBN 978-7-111-62917-7

Ⅰ. ①画… Ⅱ. ①王… ②谢… ③罗… Ⅲ. ①画法几何-高等学校-习题集②土木工程-建筑制图-高等学校-习题集 Ⅳ. ①TU204-44

中国版本图书馆 CIP 数据核字(2019)第 143005 号

机械工业出版社(北京市百万庄大街22号 邮政编码100037)
策划编辑:李 帅 责任编辑:李 帅 马军平
责任校对:张晓蓉 封面设计:张 静
责任印制:邸 敏
三河市国英印务有限公司印刷
2025年6月第1版第6次印刷
260mm×184mm · 7.75印张 · 186千字
标准书号:ISBN 978-7-111-62917-7
定价:21.00元

电话服务　　　　　　　　　网络服务
客服电话:010-88361066　　机 工 官 网:www.cmpbook.com
　　　　　010-88379833　　机 工 官 博:weibo.com/cmp1952
　　　　　010-68326294　　金 书 网:www.golden-book.com
封底无防伪标均为盗版　　　机工教育服务网:www.cmpedu.com

前　言

　　本习题集是按照教育部颁发的《普通高等院校工程图学课程教学基本要求》和现行的相关国家标准组织编写的，满足高等院校土木建筑类及相关专业的教学要求。

　　为了便于教学，本习题集的编排顺序与主干教材《画法几何与土木建筑制图》（谢美芝、王晓燕、陈倩华主编）的编排顺序保持一致，内容包括：制图的基本知识与技能，投影的基本知识，点、直线的投影及两直线的相对位置，平面的投影，直线与平面、平面与平面的相对位置，投影变换，立体，两立体表面的交线，曲线与曲面的画法，组合体的投影，工程形体的常用表达方法，轴测图的画法，标高投影，房屋建筑施工图，结构施工图，道路路线工程图，桥、隧、涵工程图，水利工程图，建筑给水排水工程施工图等。本习题集是学习和理解画法几何和工程制图基本知识、培养阅读和绘制土木工程专业图样能力必不可少的教材配套书。

　　本习题集由王晓燕、谢美芝、罗慧中担任主编，韦永恒（广西交通设计集团有限公司）、周金娥担任副主编，参编作者有陈倩华、严利娥、孟勇军、廖丽萍、孙桂凯。本习题集在编写过程中参考了大量资料并得到同行们的热忱帮助，在此对相关人员表示诚挚感谢！

　　由于编者水平有限，本习题集中难免有疏漏之处，敬请读者批评指正，以便在下一版本修订和完善！

编　者

目 录

前言
第 1 章 制图的基本知识与技能 …………………… 1
第 2 章 投影的基本知识 …………………………… 7
第 3 章 点、直线的投影及两直线的相对位置 ……… 11
第 4 章 平面的投影 ………………………………… 17
第 5 章 直线与平面、平面与平面的相对位置 ……… 21
第 6 章 投影变换 …………………………………… 23
第 7 章 立体 ………………………………………… 27
第 8 章 两立体表面的交线 ………………………… 33
第 9 章 曲线与曲面的画法 ………………………… 43
第 10 章 组合体的投影 …………………………… 47

第 11 章 工程形体的常用表达方法 ………………… 55
第 12 章 轴测图的画法 …………………………… 65
第 13 章 标高投影 ………………………………… 71
第 14 章 房屋建筑施工图 ………………………… 77
第 15 章 结构施工图 ……………………………… 88
第 16 章 道路路线工程图 ………………………… 97
第 17 章 桥、隧、涵工程图 ………………………… 99
第 18 章 水利工程图 ……………………………… 103
第 19 章 建筑给水排水工程施工图 ………………… 109
测试题 ……………………………………………… 111
参考文献 …………………………………………… 117

第1章 制图的基本知识与技能　　字体练习

建筑制图房屋平立剖面设计说明墙柱梁板楼梯屋顶基础

门窗过道阳台走廊厅卧室书房厨卫生间壁柜底层标准层

结构布置框架详细钢筋砖砂石水泥混凝土搅拌勒脚涵洞

专业班级　　　　学号　　　　姓名　　　　日期　　　　成绩

第1章　制图的基本知识与技能　　字体练习

ABCDEFGHIJKLMNOPQRSTUVWXYZ

abcdefghijklmnopqrstuvwxyz

1234567890　　1234567890　　1234567890

第 1 章　制图的基本知识与技能　　　几何作图

1. 绘制圆内接正五边形。

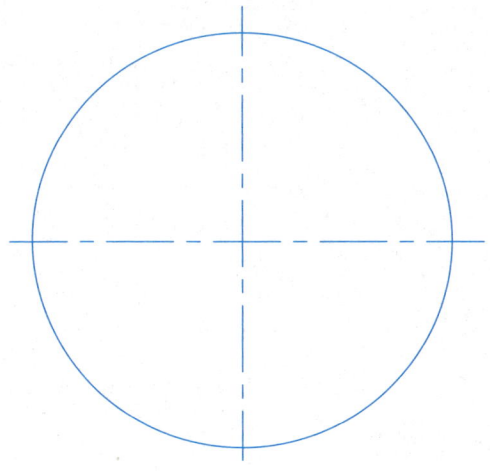

2. 绘制圆内接正六边形。

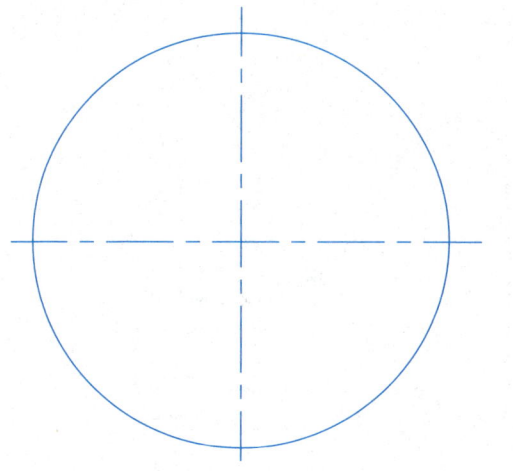

3. 根据长轴、短轴位置，采用四心法画椭圆。

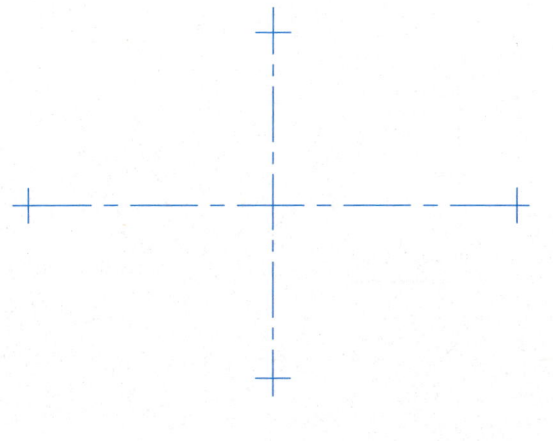

4. 根据所给圆弧半径，绘制带圆角的四边形。

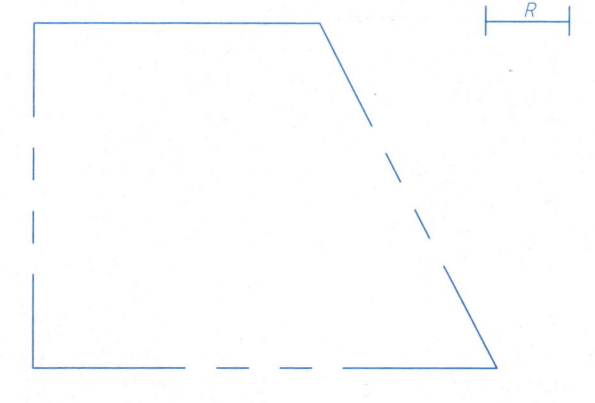

| 专业班级 | 学号 | 姓名 | 日期 | 成绩 |

第 1 章　制图的基本知识与技能　　　平面图形的绘制

1. 用 1∶100 的比例在图的右边重新抄绘水坝立面图，图中尺寸单位为 cm。

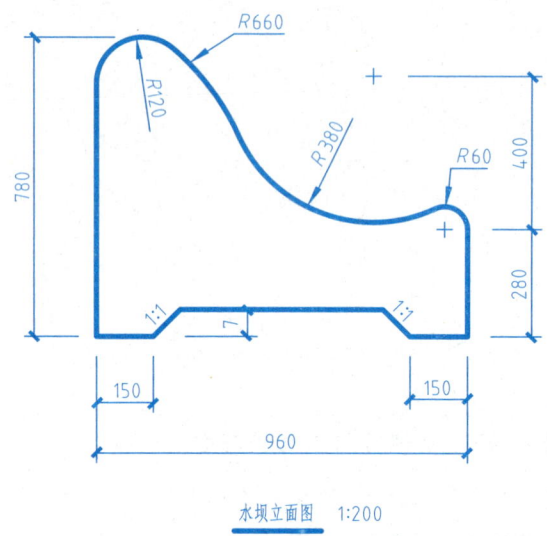

水坝立面图　1:200

水坝立面图　1:100

第 1 章 制图的基本知识与技能

综合练习（用 A3 图幅、按指定比例、铅笔抄绘线型练习和建筑平面图，并标注尺寸。）

线型练习作业（按 1∶1 绘制）

一、绘图步骤

1. 布图。根据图样中绘出的尺寸和比例进行布图。
2. 画底线。用 2H 铅笔轻轻地画出底线。
3. 描深底线。描深前要准备好三支铅笔（H、HB、B），并且按要求把笔芯磨削好，然后对各种图线进行试画，待合格后再在底线上进行描深。

二、图线要求

1. 线宽要求：右图线型练习的线宽由外至内依次为粗（0.7mm）、中（0.35mm）、细（0.18mm）；同一图线必须是同一个规格，即线宽、线段、间隔都应一致。
2. 线型要求：虚线的线段画 3～6mm，点画线的线段画 15～20mm，间隔要大体一致。点画线、虚线各自交接或与其他图线交接时，应采用线段交接。虚线为实线的延长线时，不得与实线相接。
3. 图线不得与文字、数字或符号重叠、混淆，不可避免时，应首先保证文字的清晰。

三、完成的作业图面质量应达到以下要求：

　（1）布图合理　　（2）线型分明
　（3）交接正确　　（4）线条均匀
　（5）曲线光滑　　（6）尺寸标注正确
　（7）字体工整　　（8）图面整洁

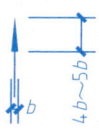

箭头尺寸起止符号

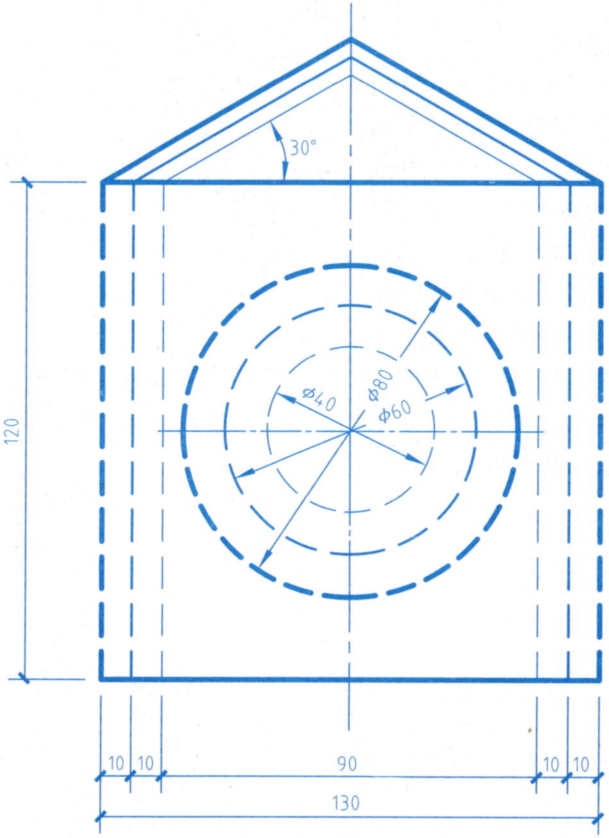

线型练习

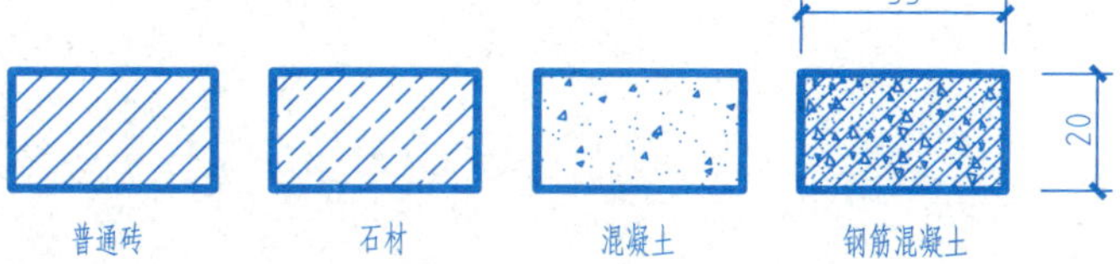

普通砖　　石材　　混凝土　　钢筋混凝土

专业班级　　学号　　姓名　　日期　　成绩

第1章 制图的基本知识与技能
综合练习(用A3图幅、按指定比例、铅笔抄绘线型练习和建筑平面图,并标注尺寸。)

建筑平面图作业（按1:1绘制）

一、图线要求
1. 被剖切到的断面轮廓线（墙线）用粗实线绘制，其他构件轮廓线用细实线绘制，门线为45°中线。
2. 尺寸线和尺寸界线用中线（0.5b）绘制，尺寸起止符号采用中粗线（0.7b）。

二、尺寸标注要求：
1. 第一道尺寸线距离被标注对象大于10mm。
2. 两道尺寸线间距为7~10mm。
3. 尺寸线不应超出尺寸界线，尺寸界线超出尺寸线2~3mm。
4. 尺寸起至符号为45°顺时针方向小短线，长度宜为2~3mm。
5. 尺寸数字高度取3.5mm。
6. 标注圆弧半径、直径、角度、弧长时，一律采用箭头表示。

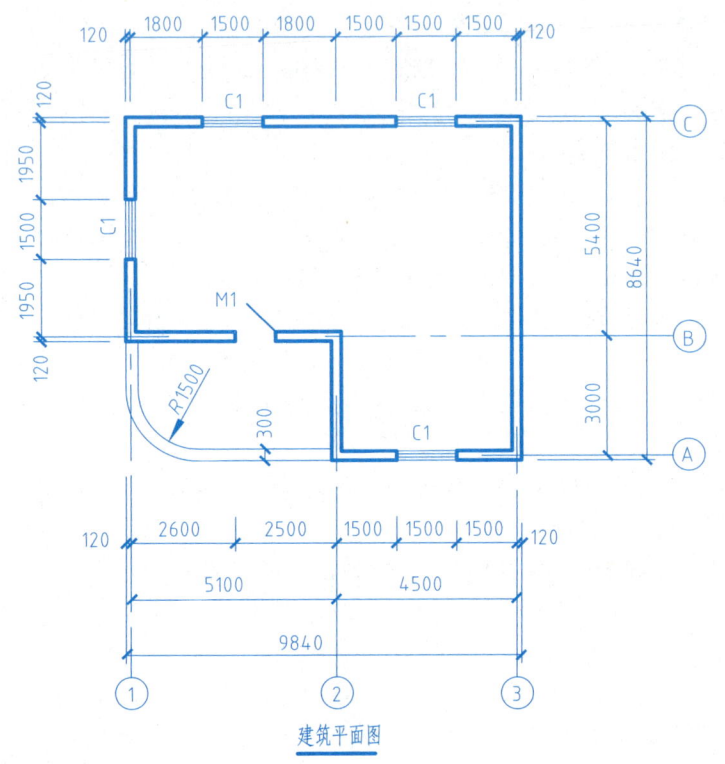

建筑平面图

第 2 章 投影的基本知识 三面投影图

1. 根据立体图找投影图，把图号填在圆圈内。

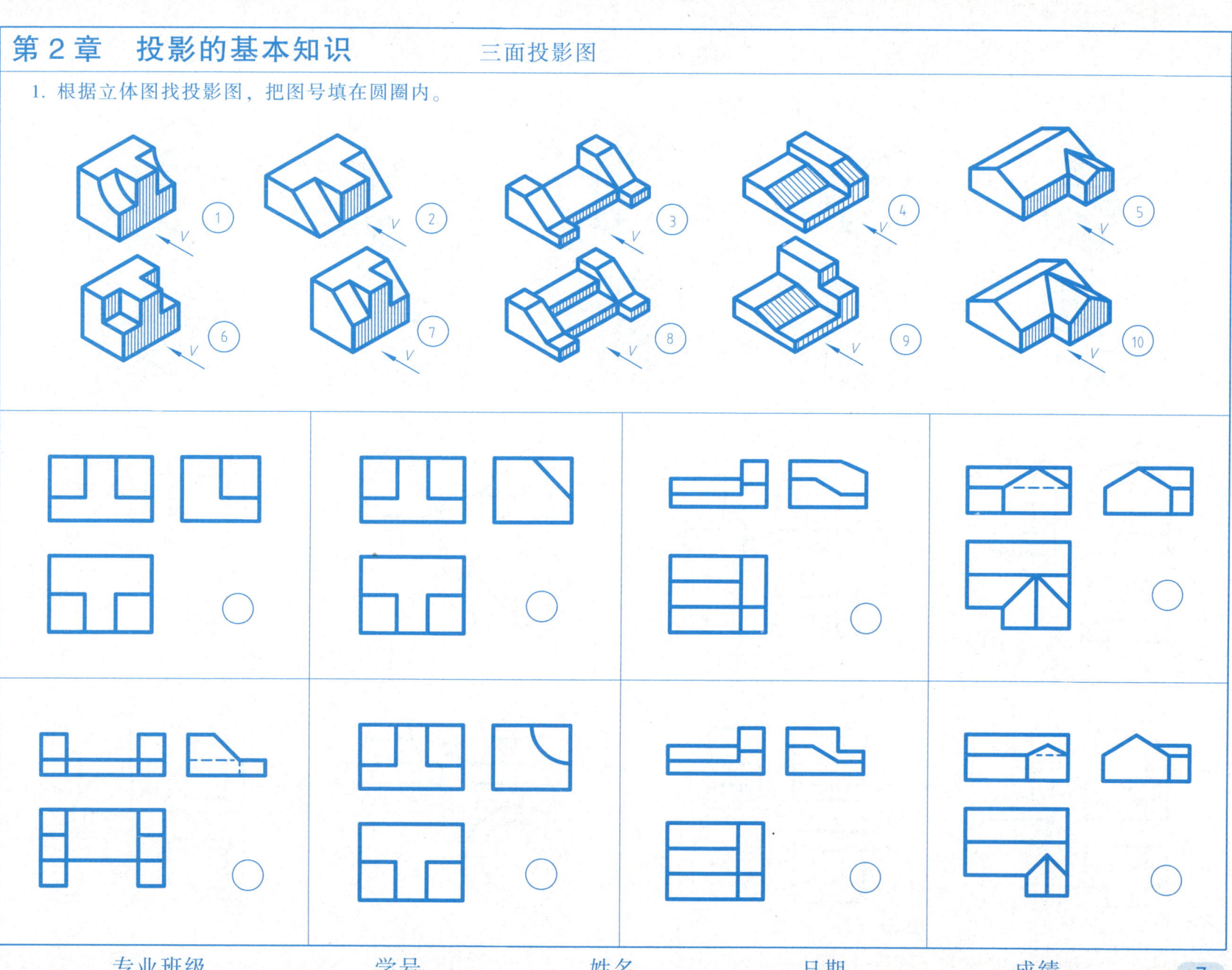

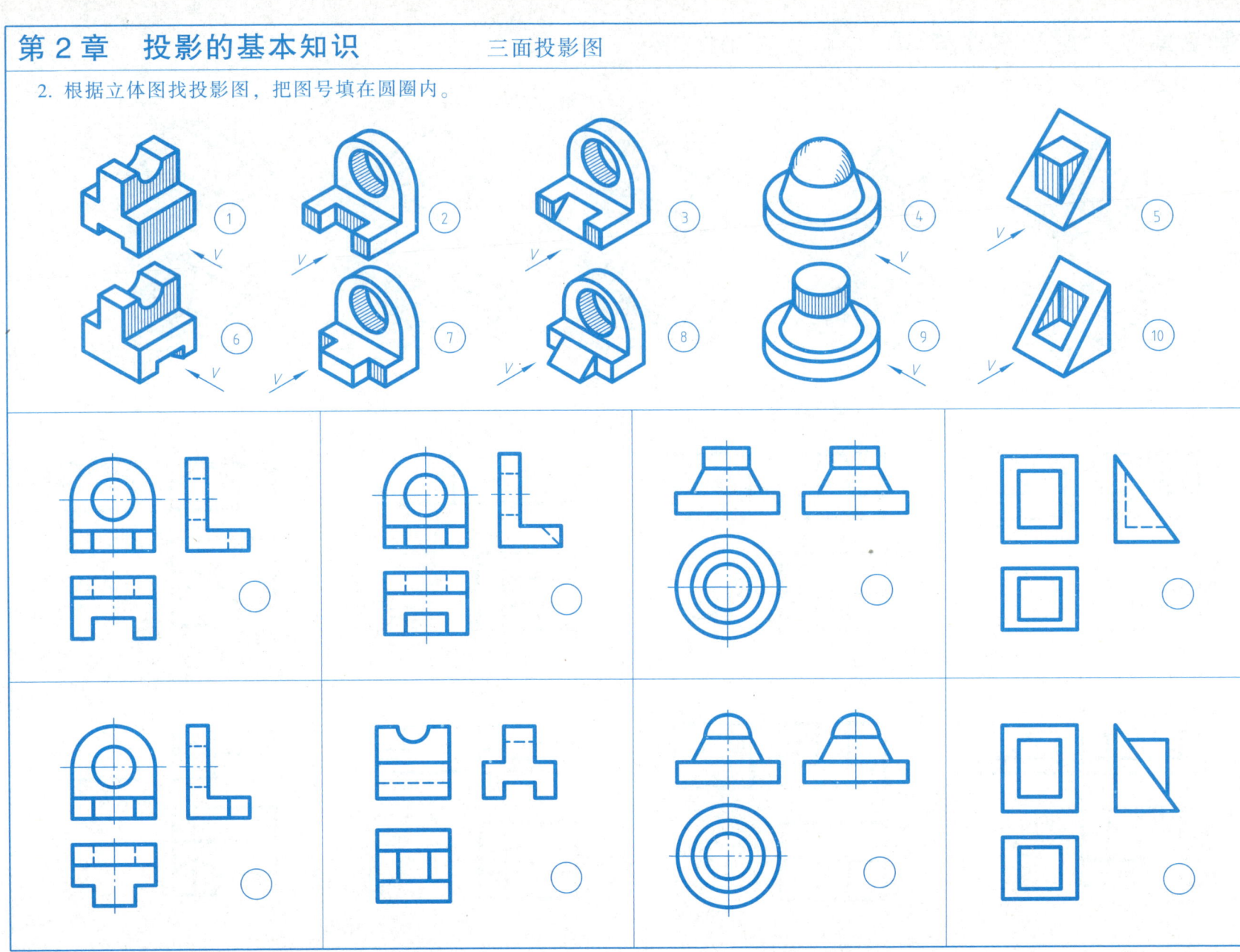

第 2 章 投影的基本知识 三面投影图

3. 参照立体图，补画形体 H 面投影。

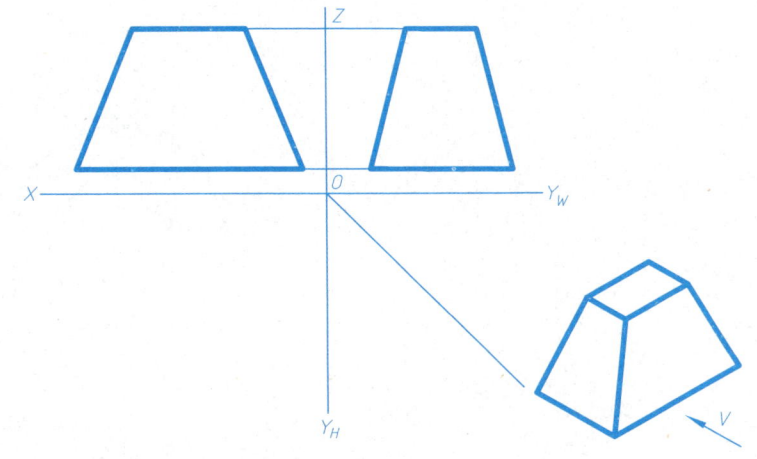

4. 参照立体图，补画形体 W 面投影。

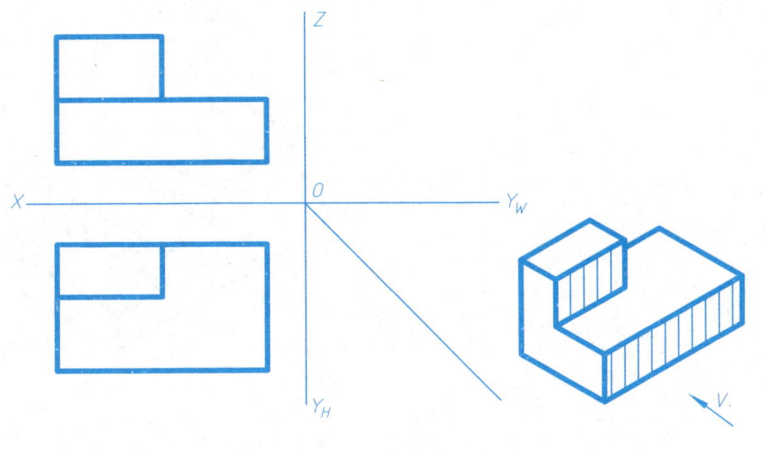

5. 参照立体图，补画形体 H 面投影。

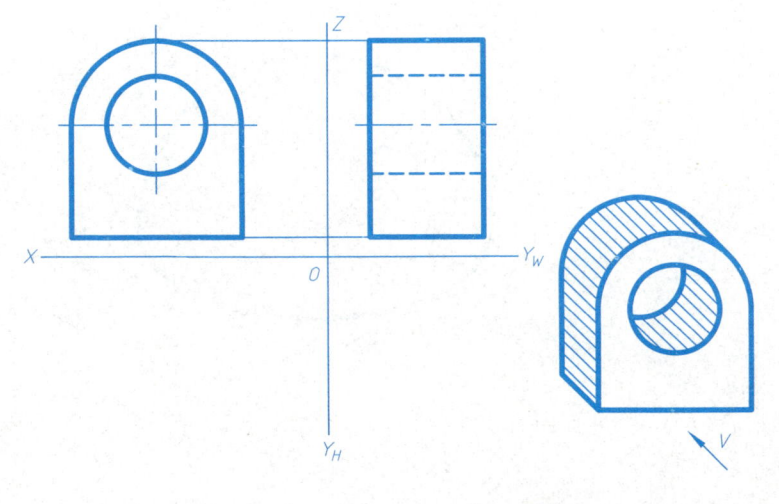

6. 参照立体图，补画形体 W 面投影。

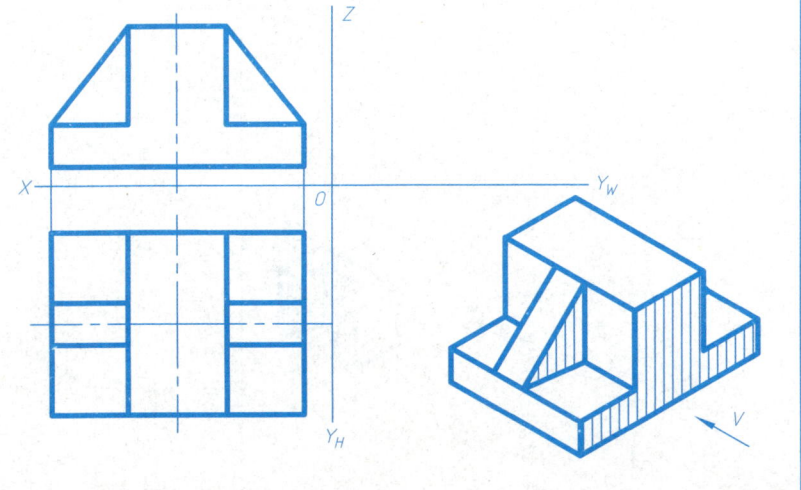

第 2 章　投影的基本知识　　　三面投影图

7. 根据立体图按 1∶1 画出其三面投影图。

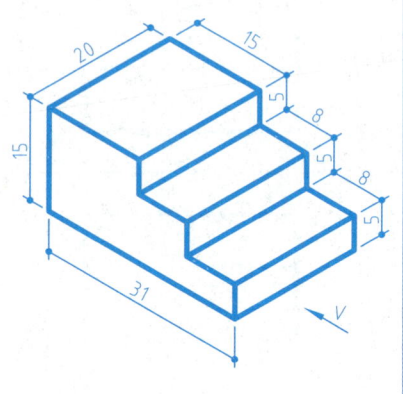

8. 根据立体图按 1∶10 画出其三面投影图。

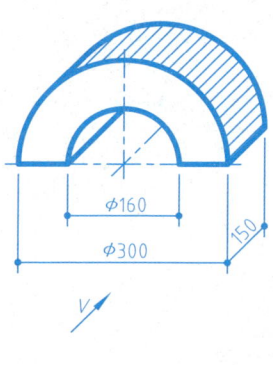

9. 根据立体图按 2∶1 画出其三面投影图。

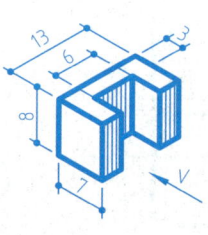

10. 根据半球立体图按 1∶2 画出其三面投影图。

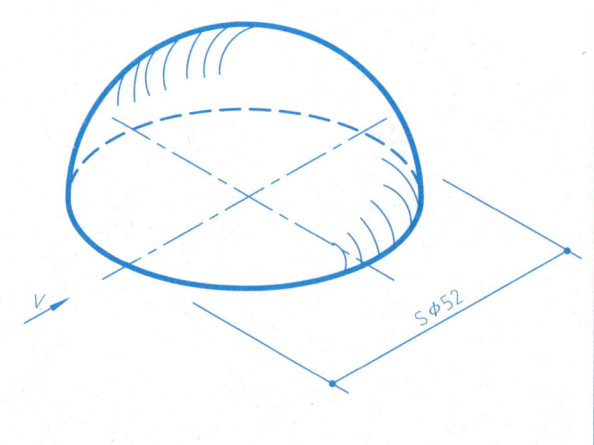

第 3 章 点、直线的投影及两直线的相对位置　　　点的投影

1. 已知点的两个投影，求其第三个投影。

(1)

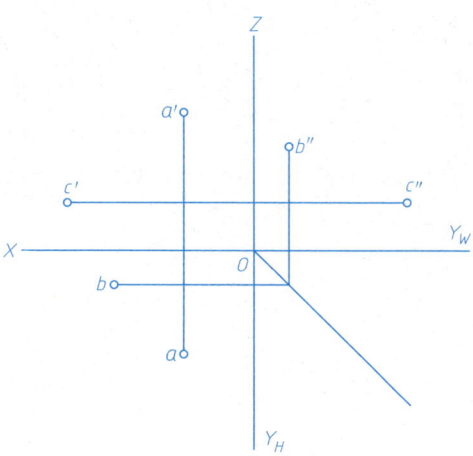

(2)

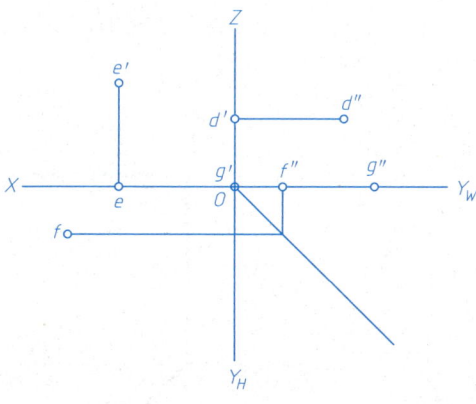

2. 已知点的一个投影和下列条件，求作其余两个投影。

(1) 点 A 距 V 面 15mm，点 B 在 H 面上，点 C 在 W 面上。

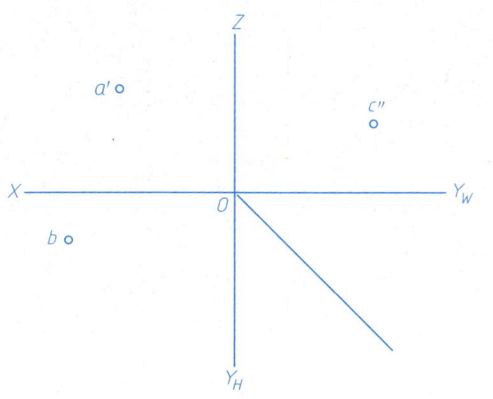

(2) 点 D 在 V 面上，点 E 在 H 面上方 10mm；若不另给其他条件，点 F 有几个答案，请画出两个有代表性的答案。

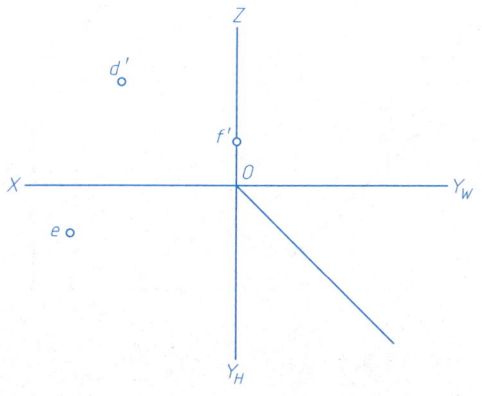

专业班级　　　　学号　　　　姓名　　　　日期　　　　成绩

第3章 点、直线的投影及两直线的相对位置　　点的投影

3. 根据轴测图画出点 A、D、E 的投影图，根据投影图画出 B、C 两点的轴测图

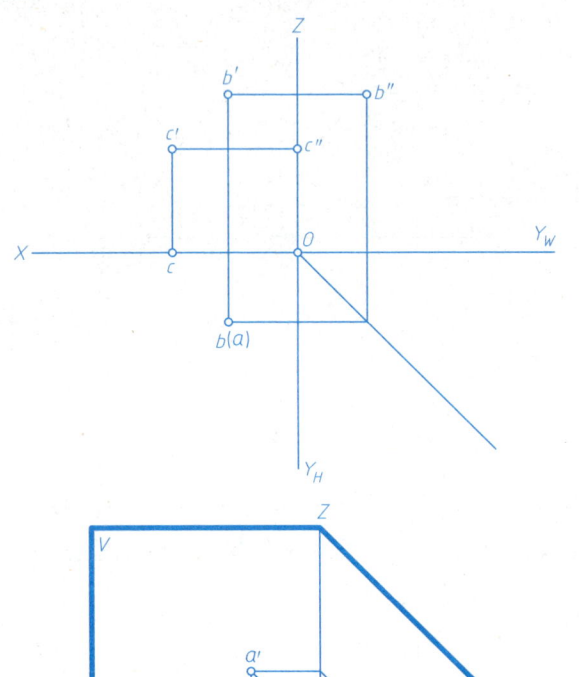

4. 已知 a'，点 A 距 V 面 5mm，点 B 在点 A 的正前方 15mm、点 C 在点 A 的正右方 W 面上，求作 A、B、C 三点的投影图，将不可见的投影加括号表示。

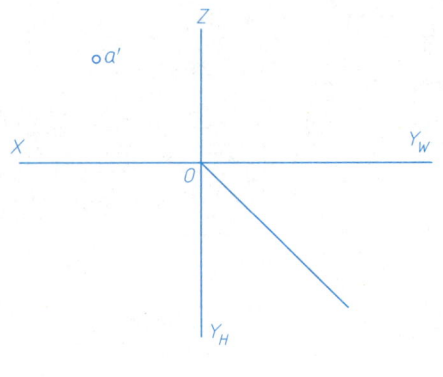

5. 已知点 A（13，15，20），点 B 在点 A 的左方 7mm、后方 10mm、下方 15mm，求作 A、B 两点的投影图和立体图，并将各投影图和立体图中的两点连成直线。

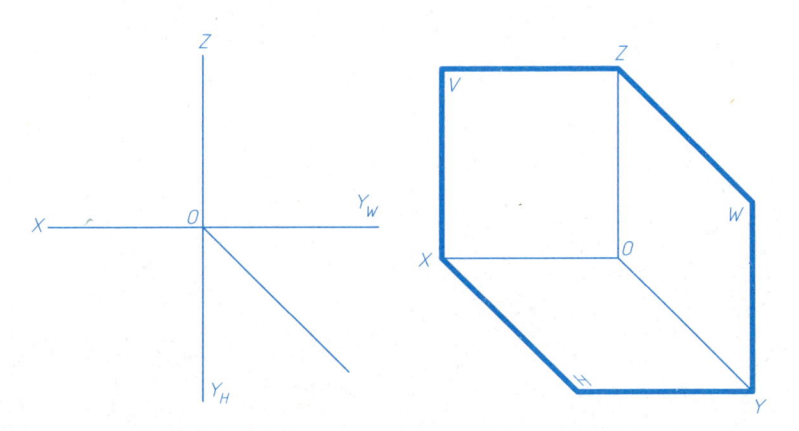

第3章 点、直线的投影及两直线的相对位置   直线的投影

1. 已知：点 S（15，10，25）、A（25，5，5）、B（15，25，5）、C（5，5，5），画出 SA、SB、SC、AB、BC、CA 等线段的三面投影，并根据棱线相对于投影面的位置填空。

2. 过点 A 作诸直线的三面投影：（1）一般位置直线 AB，点 B 在点 A 之右 15mm，之后 10mm，之上 15mm；（2）正平线 AC，指向左上，α=45°，长 15mm；（3）侧垂线 AD，向右，长 20mm。

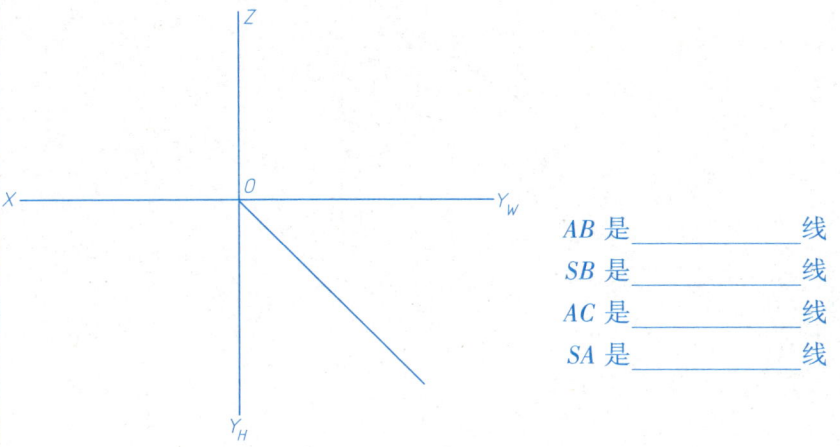

AB 是_____线
SB 是_____线
AC 是_____线
SA 是_____线

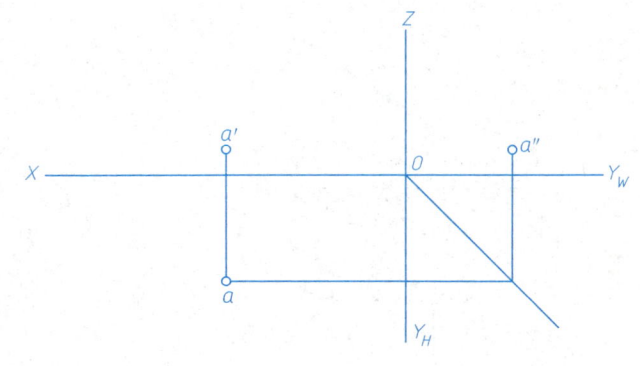

3. 已知水平线 AB 在 H 面上方 20mm，求作它的其余两面投影，并在该直线上取一点 K，使 AK = 20mm。

4. 已知 AB 为铅垂线，它到 V 面及 W 面的距离相等，求它的其余两面投影；侧平线 CD 与 H 面的倾角 α = 60°，且点 D 在 H 面上，求作直线 CD 的三面投影（请画出全部 2 个答案）。

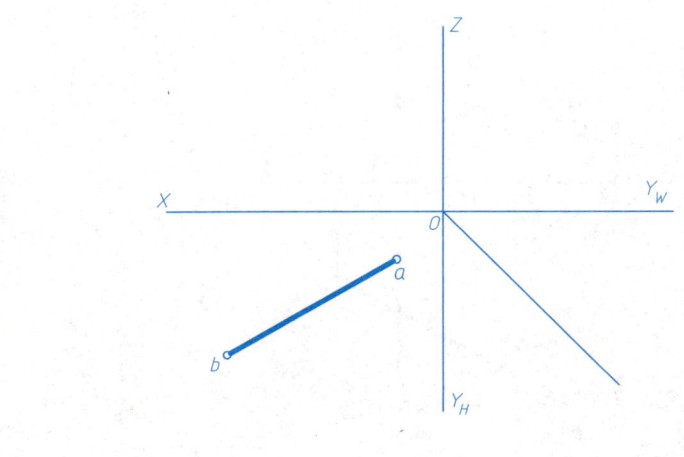

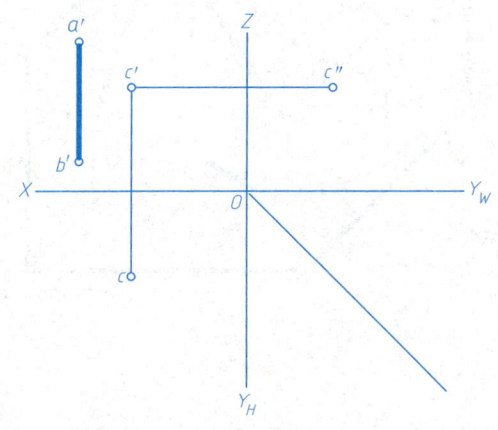

第3章 点、直线的投影及两直线的相对位置　　　　　直线的投影

5. 在立体图上标出线段 AB 的 α、β、γ 角，在投影图上求线段 AB 的实长及 α、β 角的实形。

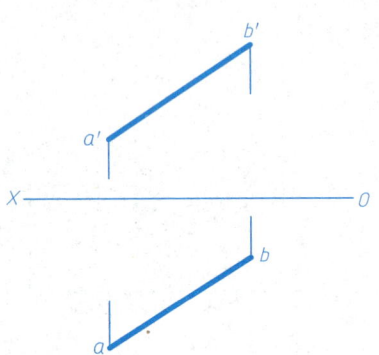

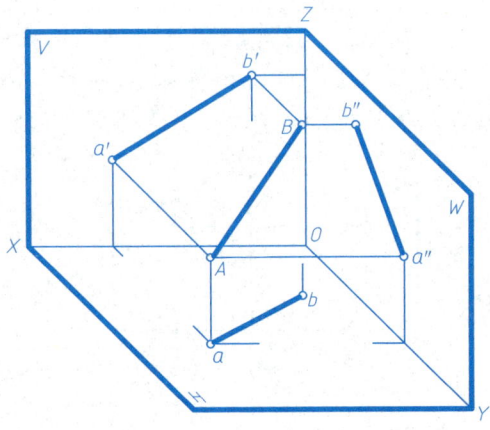

6. 已知线段 AB 对 W 面的夹角 γ=45°，求它的 W 面投影。

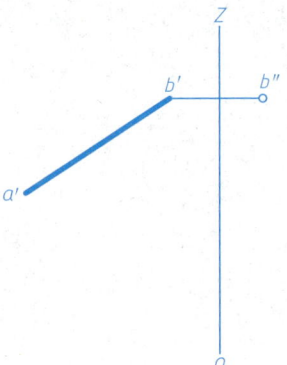

7. 已知 AB、CD 两直线相交，AB 为一水平线，完成 AB 的 V 面投影。

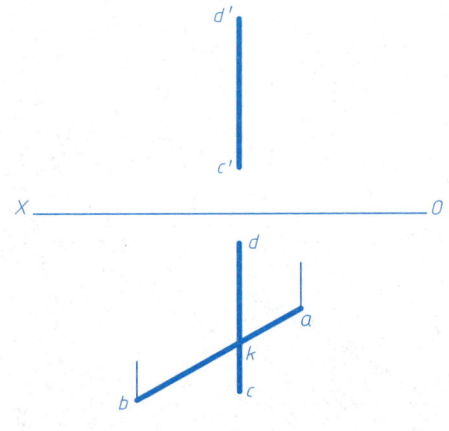

第3章 点、直线的投影及两直线的相对位置   直线的投影

8. 作一直线 MN 使其与两直线 AB、CD 相交，并平行于直线 EF。

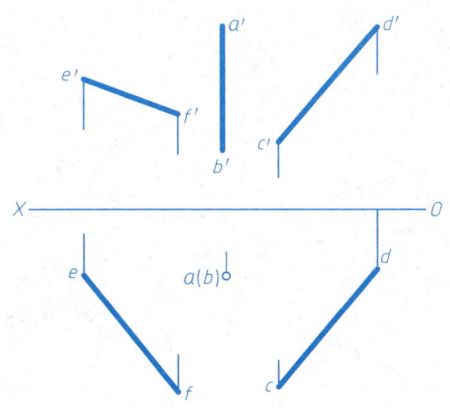

10. 画出两直线 AB 及 CD 的公垂线 EF，并求其实长。

（1）

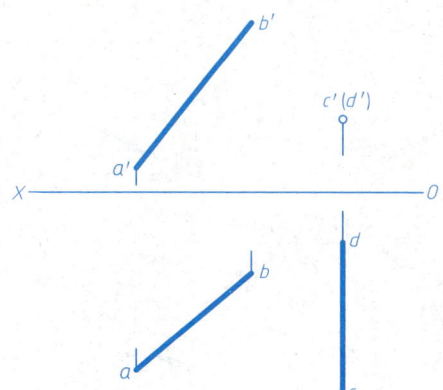

（2）

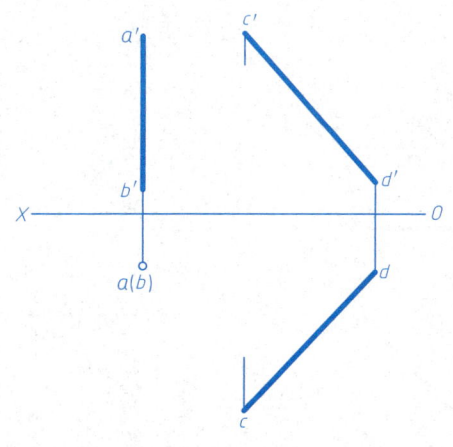

9. 补绘平面四边形 ABCD 的 H 面投影。

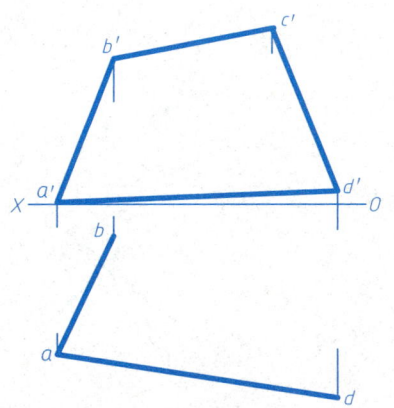

第3章 点、直线的投影及两直线的相对位置   直线的投影

11. 判断两直线的相对位置，并判断重影点的可见性。

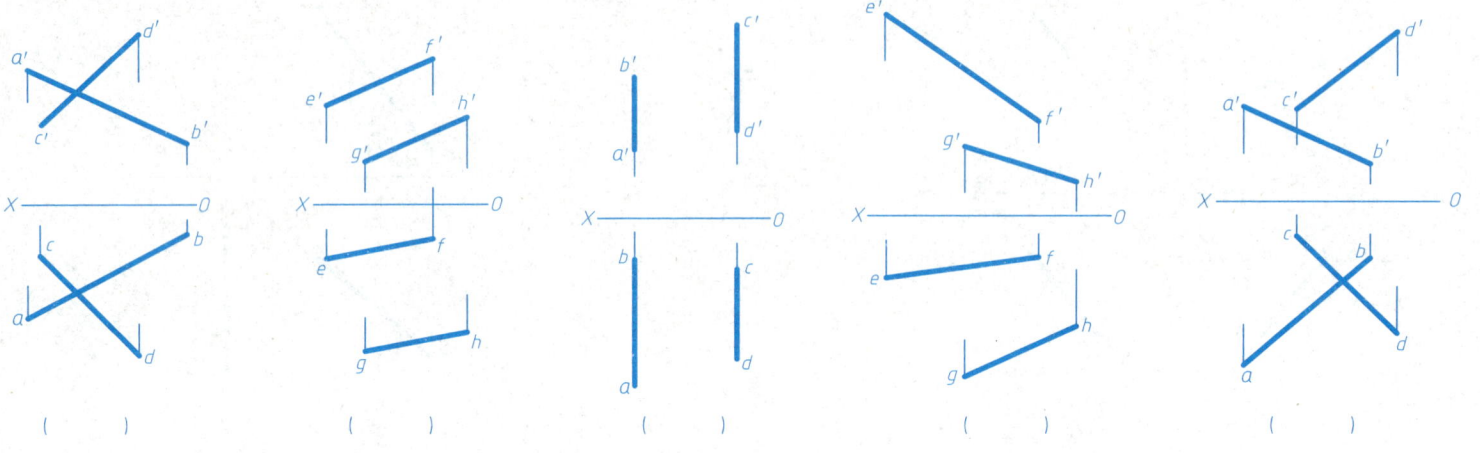

(   )   (   )   (   )   (   )   (   )

12. 判断下列两直线是否垂直（注明相交垂直或交叉垂直）。

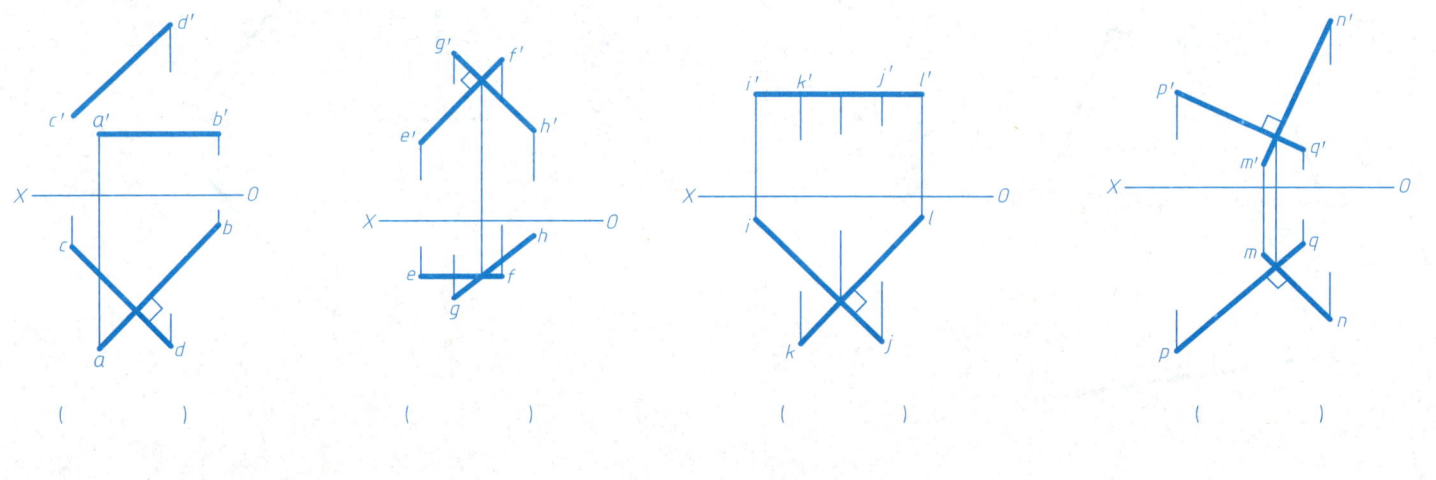

(   )   (   )   (   )   (   )

第4章 平面的投影　　　各种位置平面的投影特性

1. 补出各平面的第三投影，并注明是何种平面。

（1）　　　　　　　　（2）

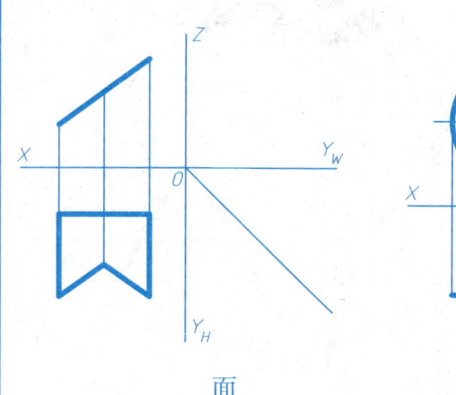
_____面

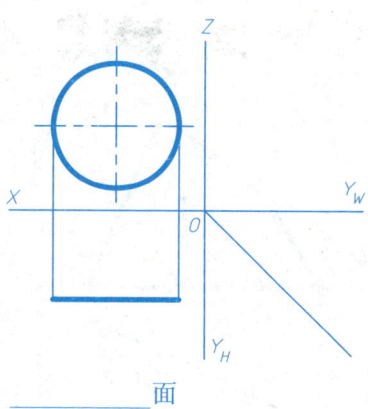
_____面

（3）

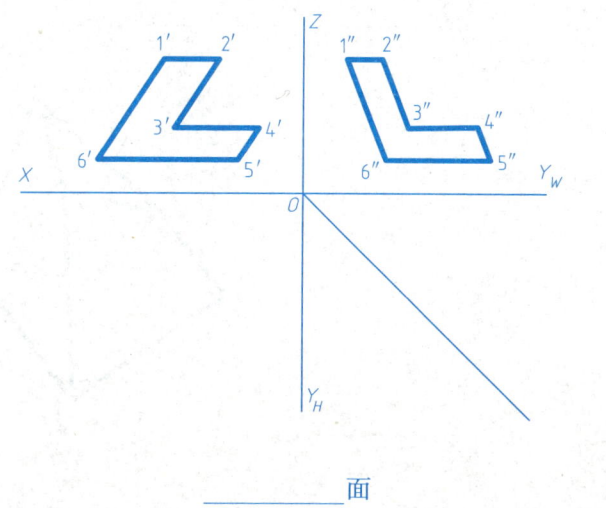
_____面

2. 包含直线 AB 作一个正方形，使它垂直于 H 面；包含直线 CD 作一个等边三角形，使它平行 H 面。

（1）作铅垂面（正方形 ABCD）

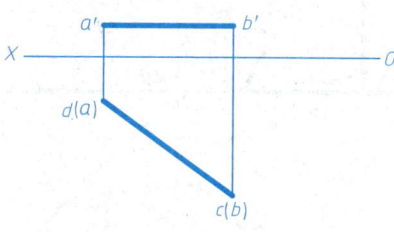

（2）作水平面（等边三角形 CDE）

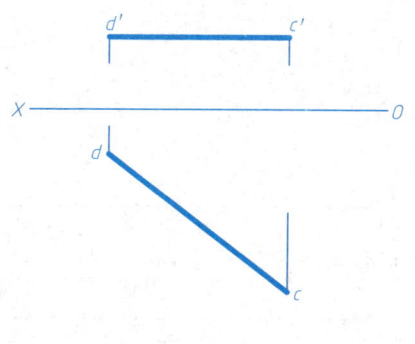

第4章 平面的投影   各种位置平面的投影特性

3. 求三棱锥的 H 面投影，并根据各棱面相对于投影面的位置填空。

4. 补画出三棱锥上各线段所缺的投影，补齐各点投影所缺的符号。已知 AD 为正平线。

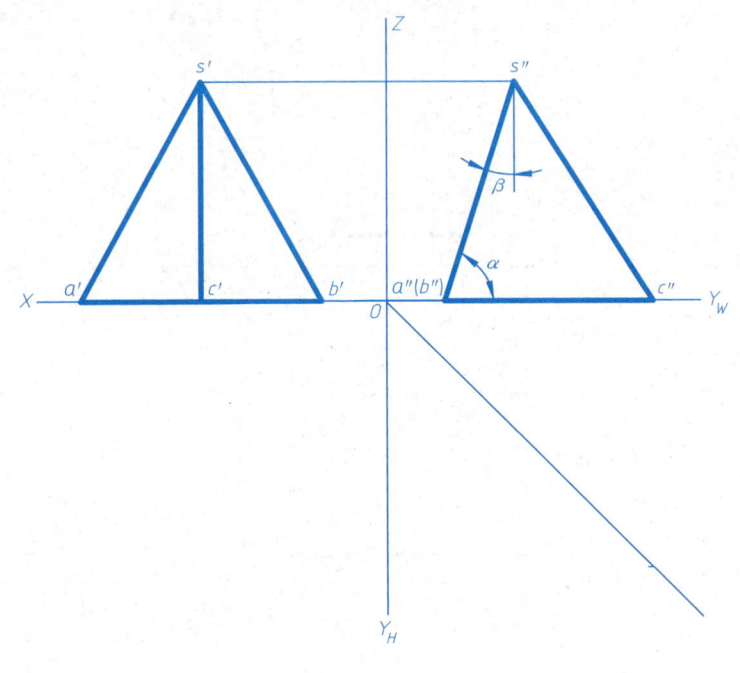
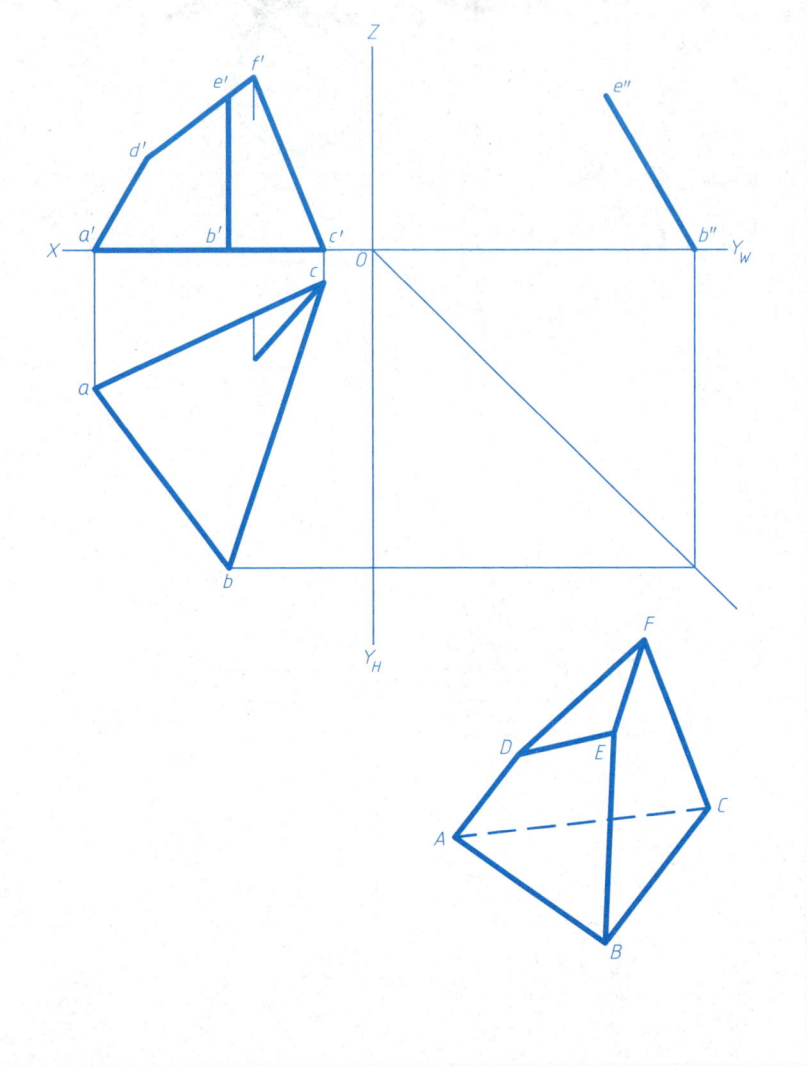

平面	平面种类	投影特性	
		实形投影	积聚投影及倾角实形
SAB	侧垂面	无	s″a″（b″）　α, β
SAC			
SBC			
ABC			

第 4 章 平面的投影   平面内的点和直线

1. 在 △ABC 内取一点 K，使它在 H 面的上方 10mm，V 面的前方 15mm。

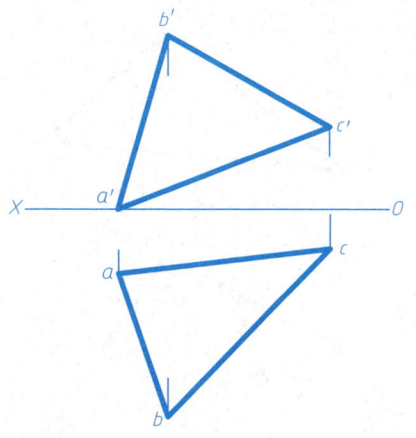

2. 已知平面四边形 ABCD 的 AB 边平行于 W 面，B 点在 A 点之下 15mm，补绘 ABCD 的 V 面投影。

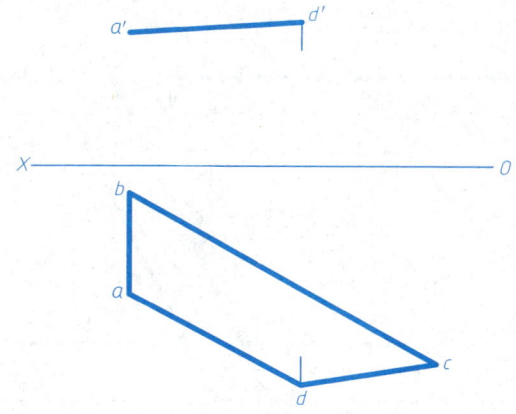

3. 已知平面五边形的 V 面投影和部分 H 面投影，补全 H 面投影。

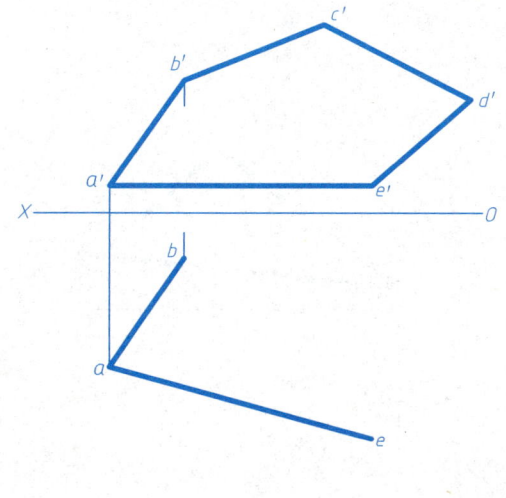

4. 已知矩形 ABCD 的顶点 C 在直线 EF 上，补全此矩形的 V、H 面投影（AB 边为正平线）。

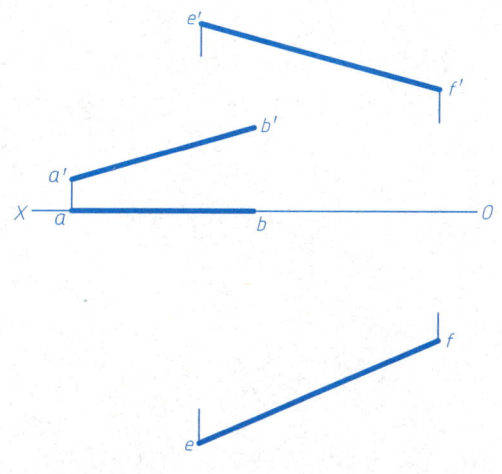

第4章 平面的投影　　平面内的点和直线

5. 已知丁字尺的 V 面投影和尺头 AB 实长，求丁字尺的 H 面投影。（尺头 AB 为水平线）

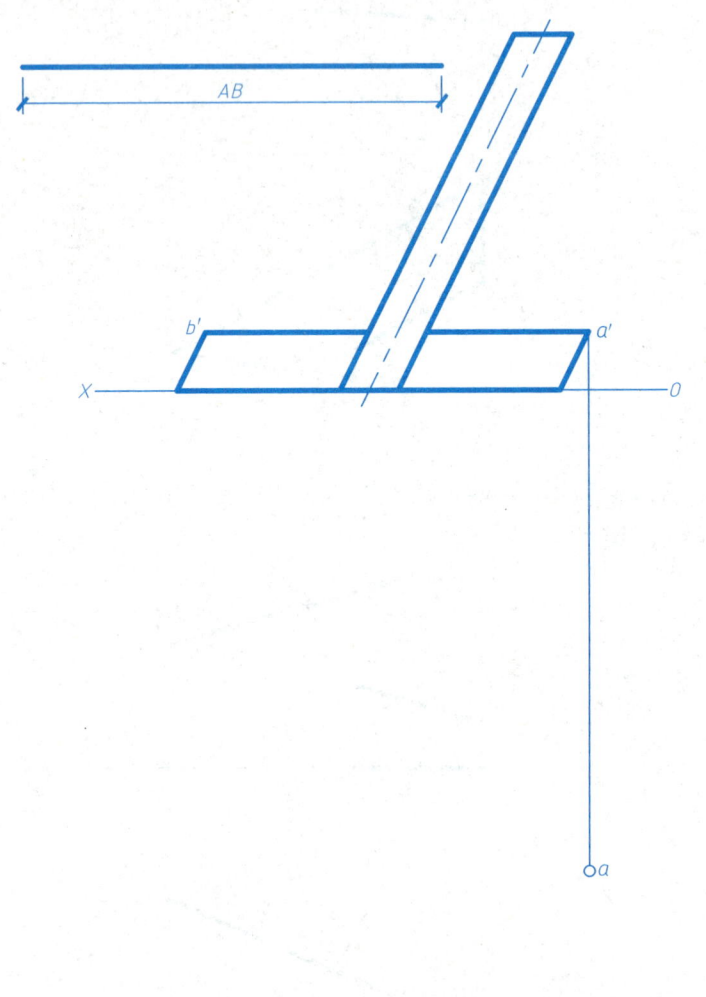

6. 求平面 ABC 对 H 面的倾角 α。

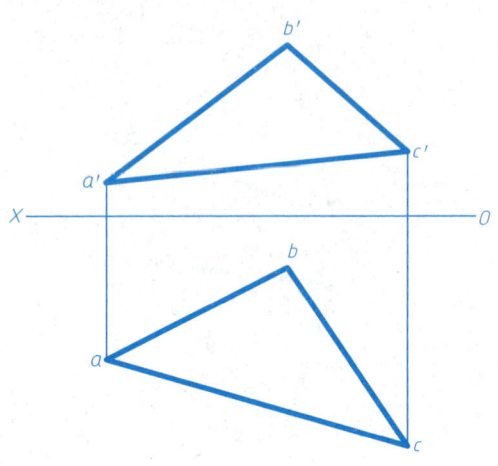

7. 已知平面 ABC 的 $\beta = 60°$，根据平面的 V 面投影及点 A 的 H 面投影，求平面 ABC 的 H 面投影（直线 AD 为平面内的正平线，点 C 在平面的最后方）。

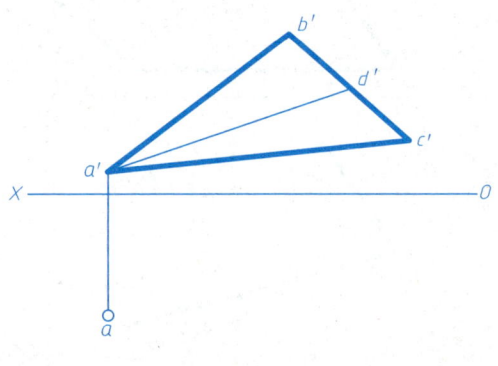

第5章　直线与平面、平面与平面的相对位置　　　直线与平面、平面与平面平行

1. 判断下列直线与平面或两平面是否相互平行。

   （1） a'c'd'b' // f'e'　　　　（2） a'b' // d'e'，ab // ce

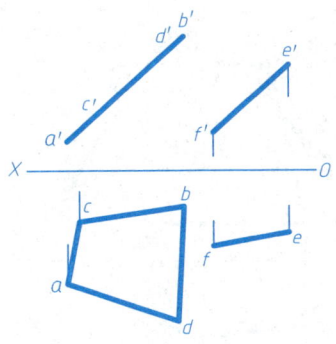 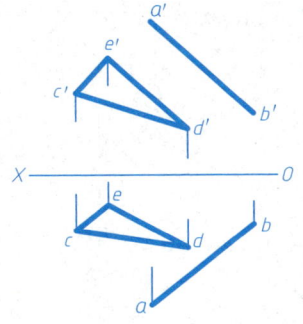

直线 EF 与四边形 _____　　　直线 AB 与三角形 _____

   （3） abdc // egf　　　　（4） ab // cd // efg，a'b' // c'd' // e'f'

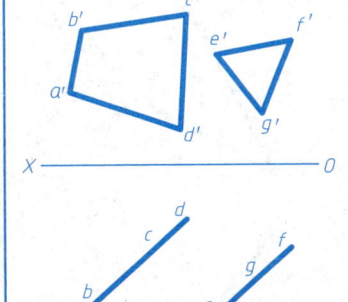 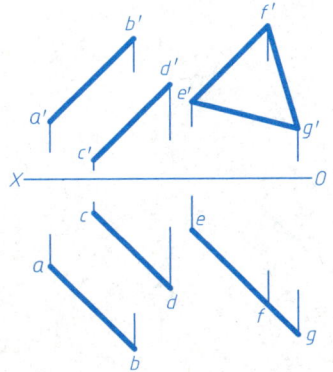

四边形与三角形 _____　　　平面（AB // CD）与三角形 _____

2. 已知直线与平面平行，完成直线或平面的投影。

   （1） 完成平面 CDE 的 H 面投影。

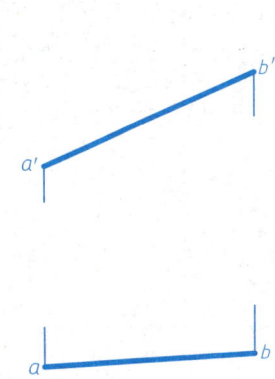 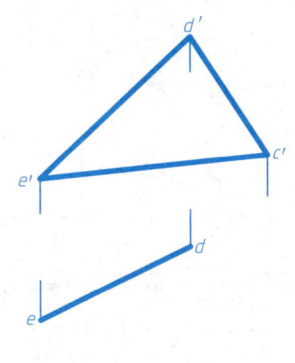

   （2） 完成直线 EF 的 H 面投影。

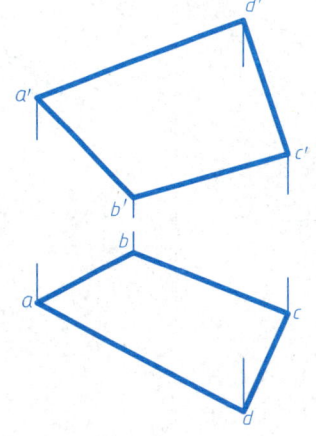 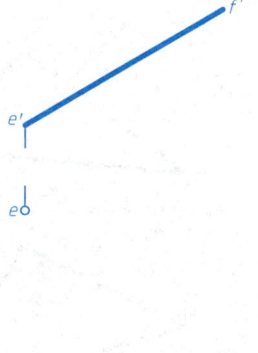

第5章 直线与平面、平面与平面的相对位置

直线与平面、平面与平面相交；直线与平面、平面与平面垂直

1. 求正垂线与一般平面的交点 K，并判别可见性。

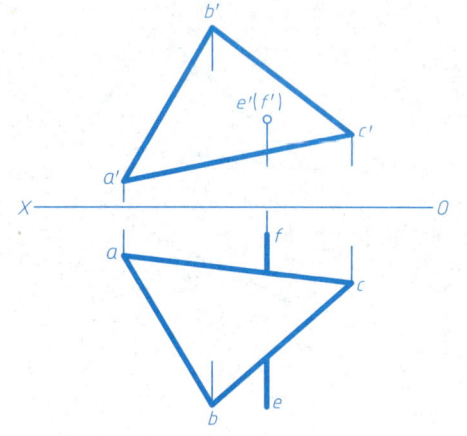

2. 求一般线与铅垂面的交点 K，并判别可见性。

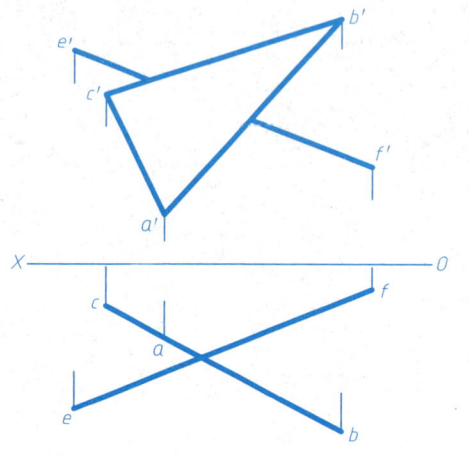

3. 求铅垂面与一般面的交线 KL，并判别平面的可见性。

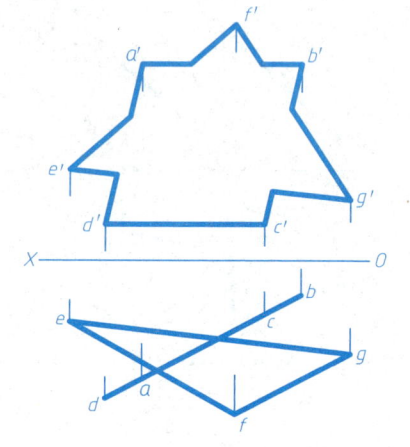

4. 求一般线与一般面的交点 K，并判别直线的可见性。

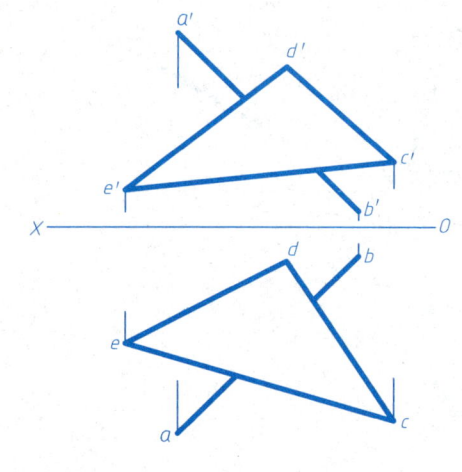

5. 过点 A 作平面与 P、Q 两平面都垂直。

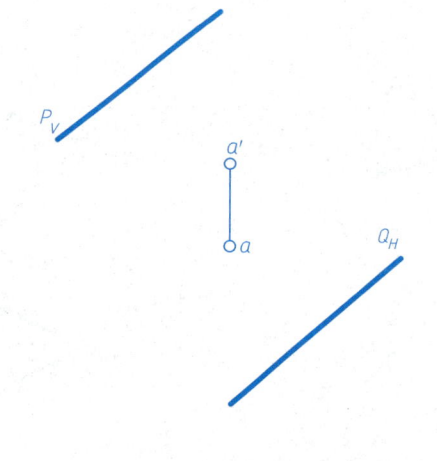

6. 已知点 K 到 △ABC 的距离为 25mm，求其 H 面投影。

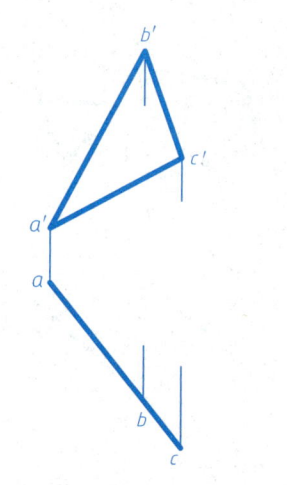

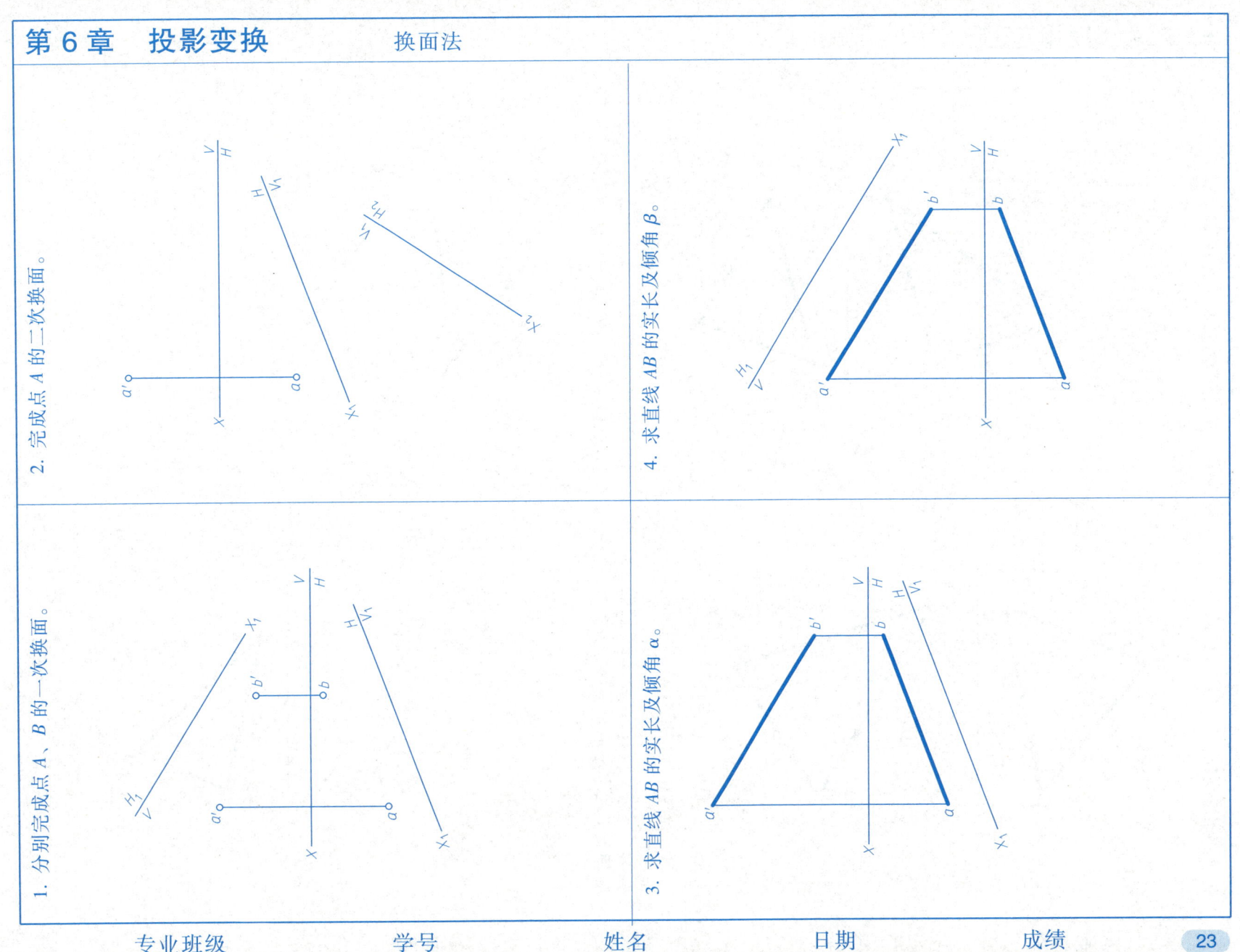

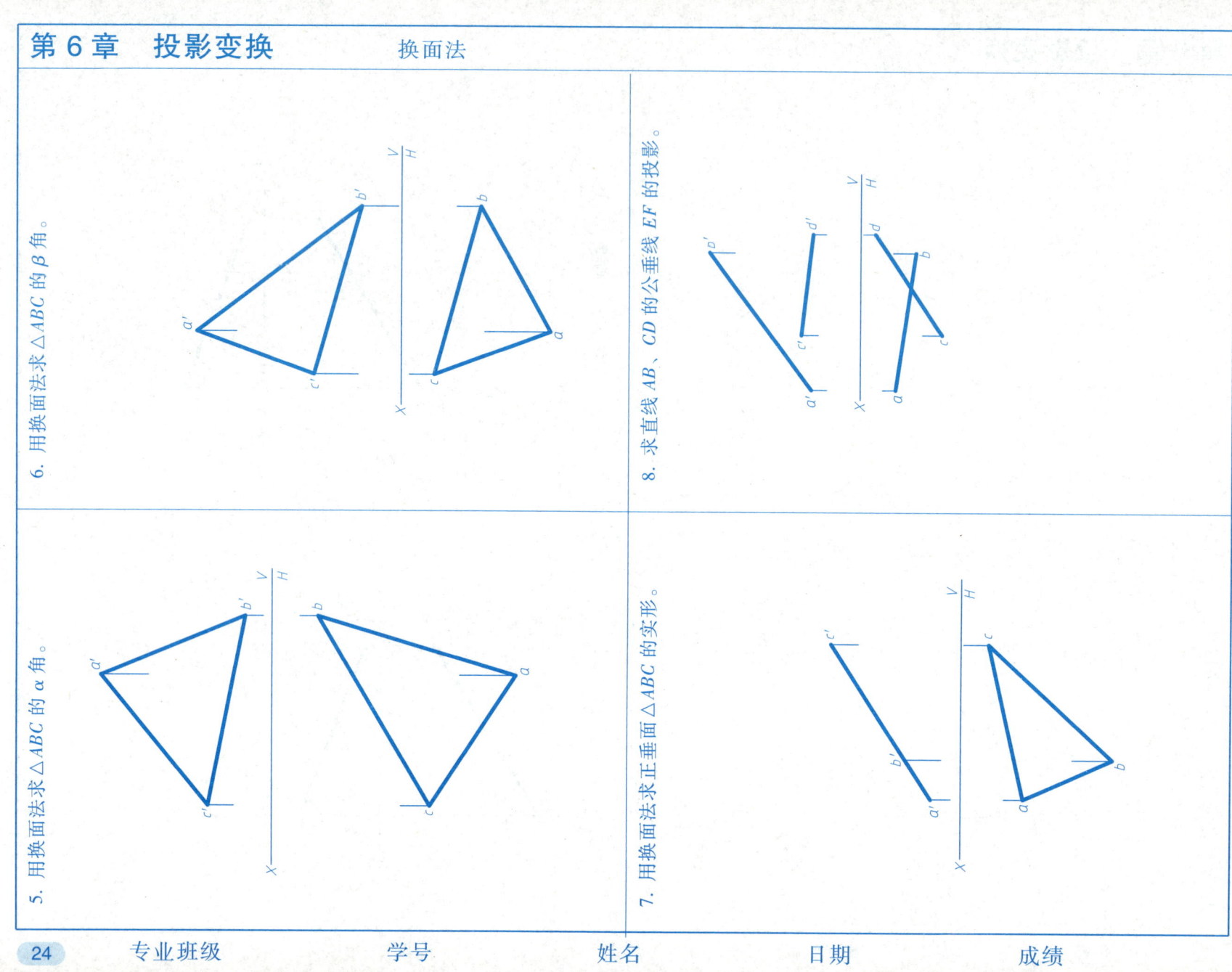

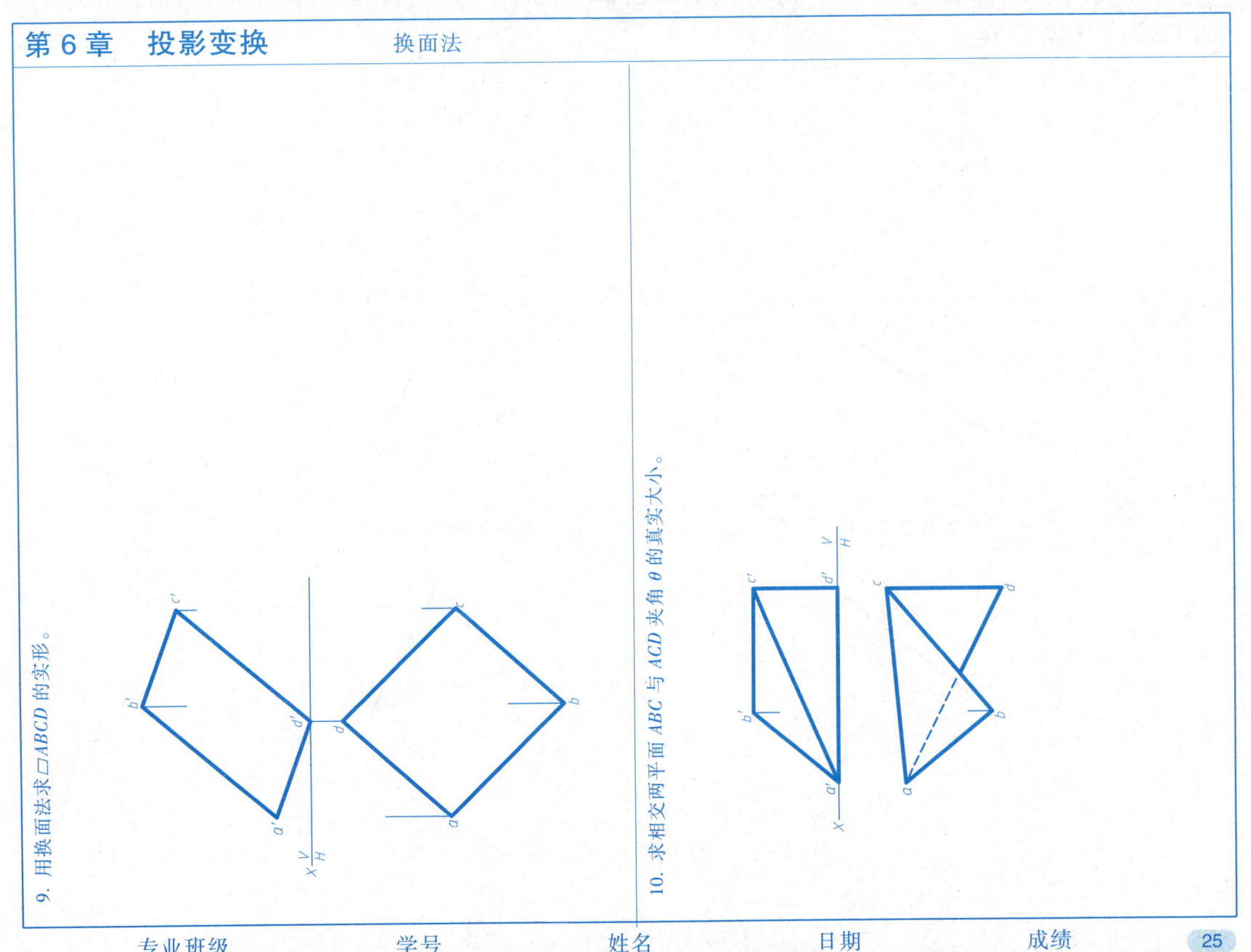

第 6 章 投影变换　　旋转法

1. 用旋转法求直线 AB 的实长及倾角 α。

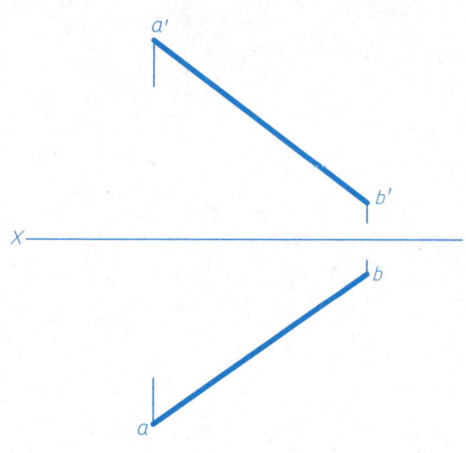

2. 已知线段 AB 对 V 面的倾角 β=30°，用旋转法求 ab。

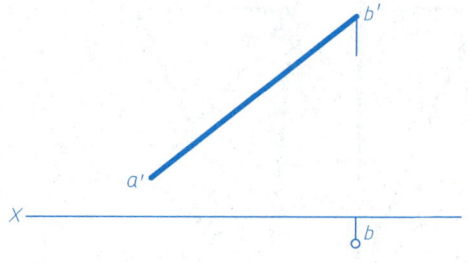

3. 用旋转法求 △ABC 的实形。

（1）求正垂面的实形。

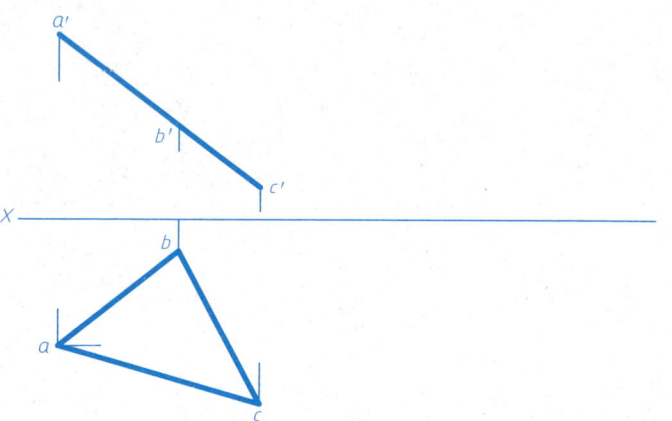

（2）求铅垂面的实形。

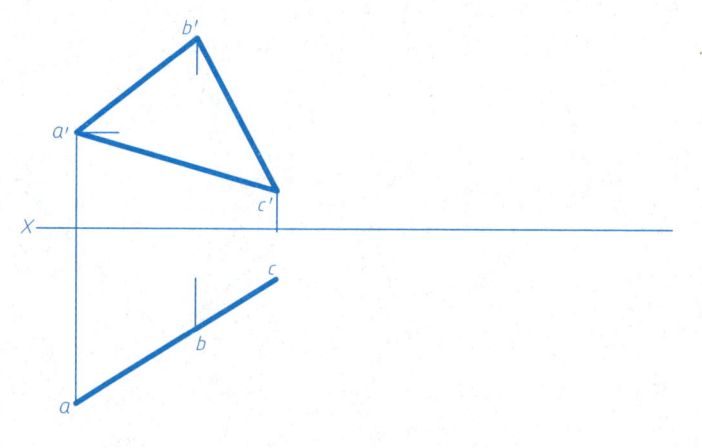

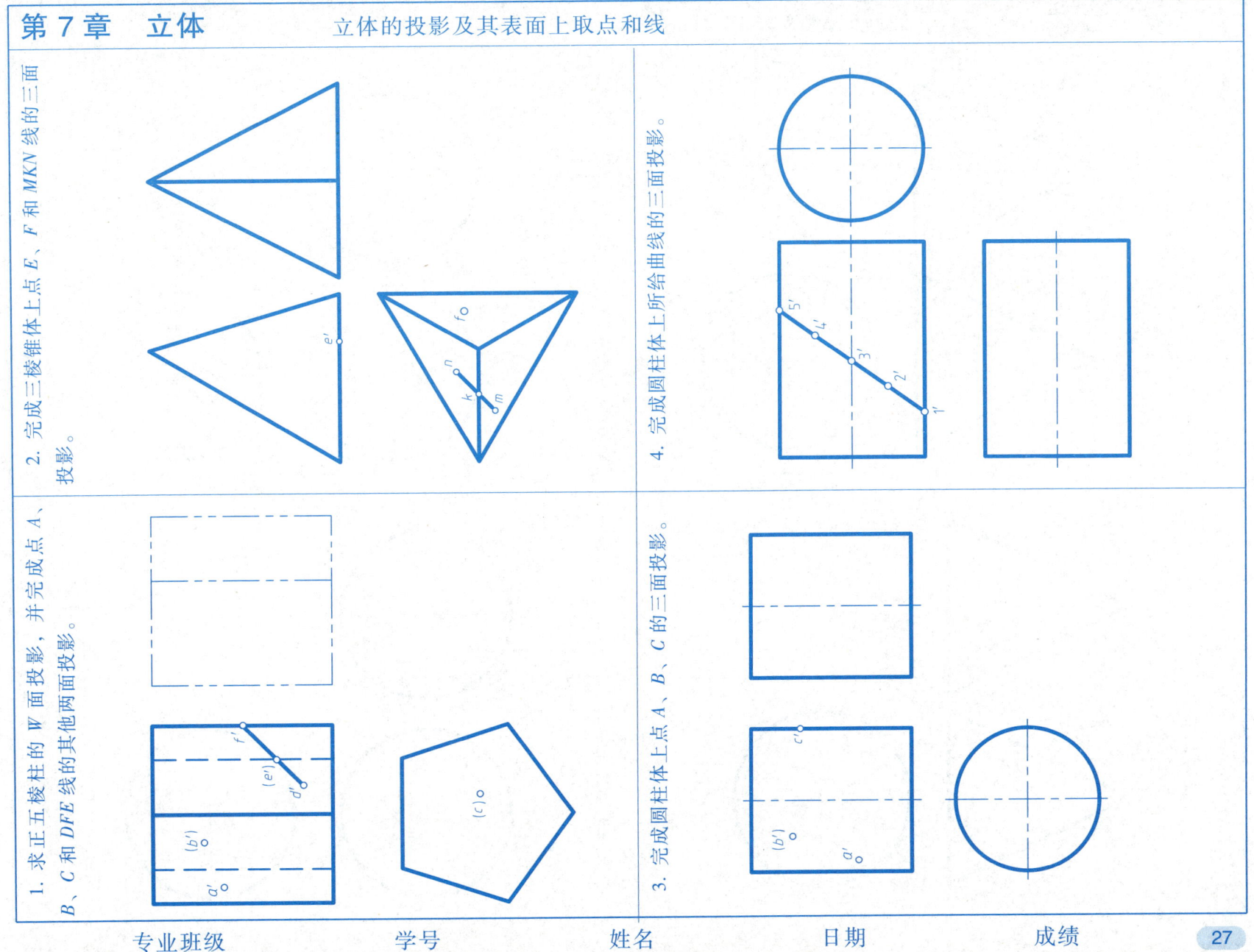

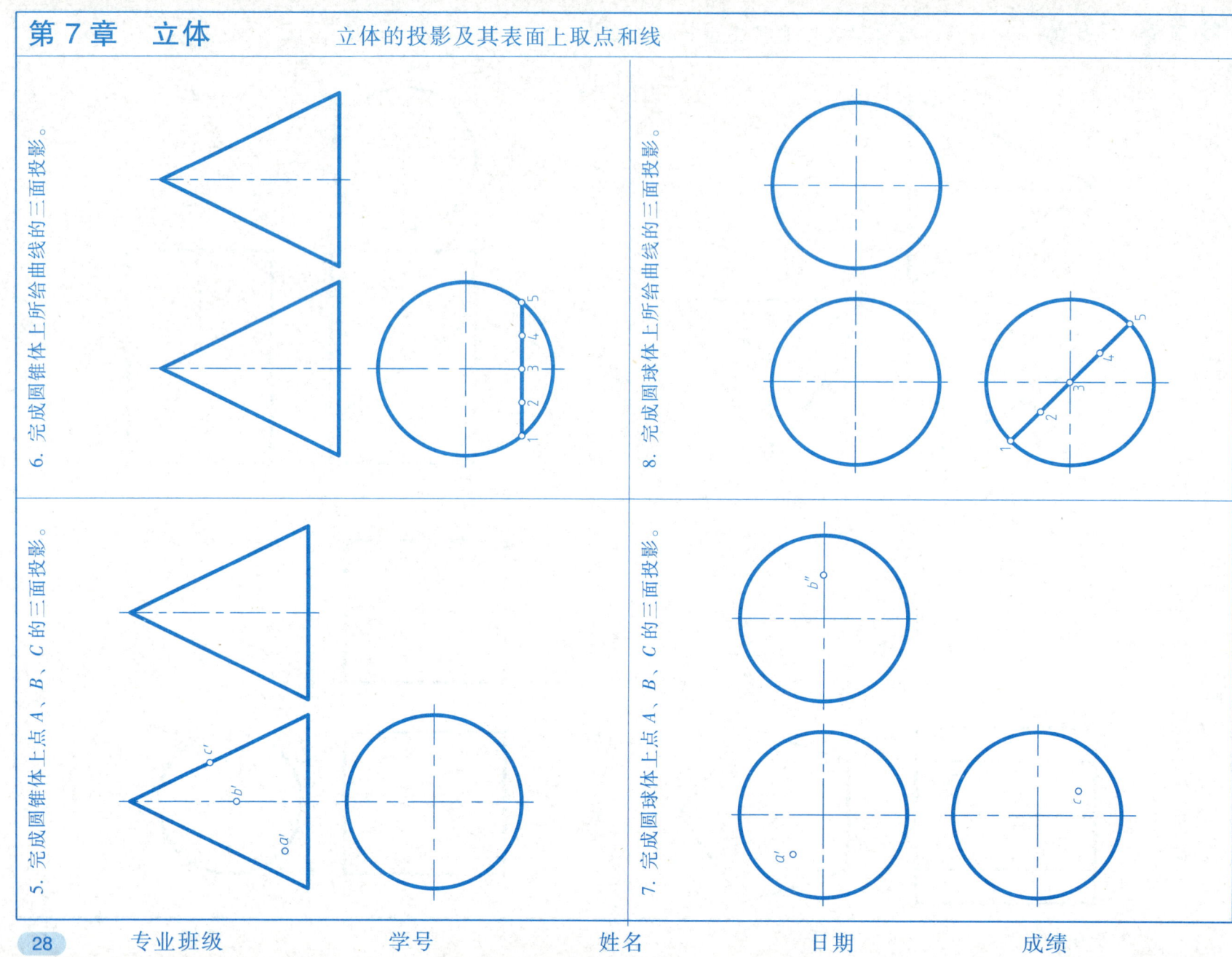

第 7 章　立体　　　截交线

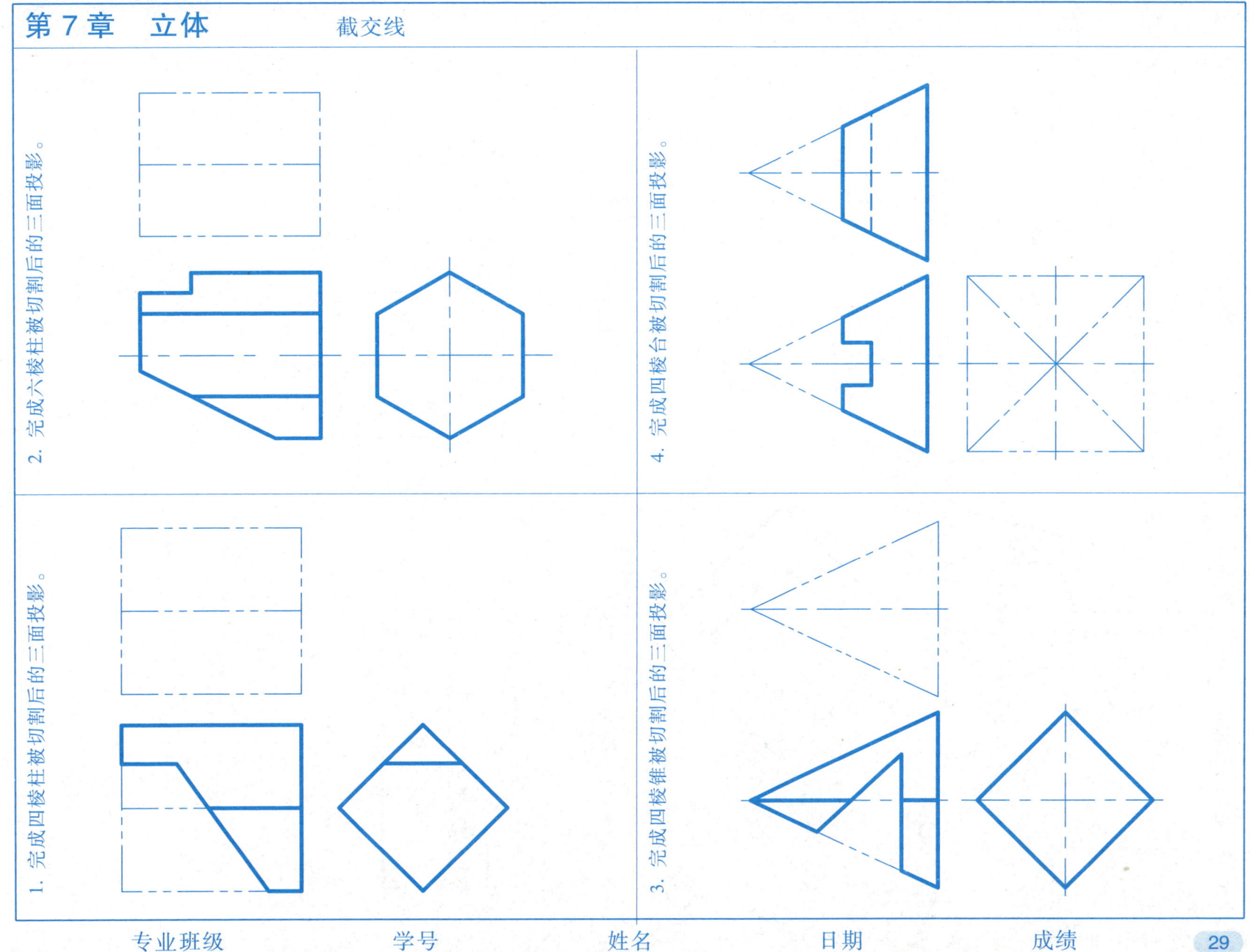

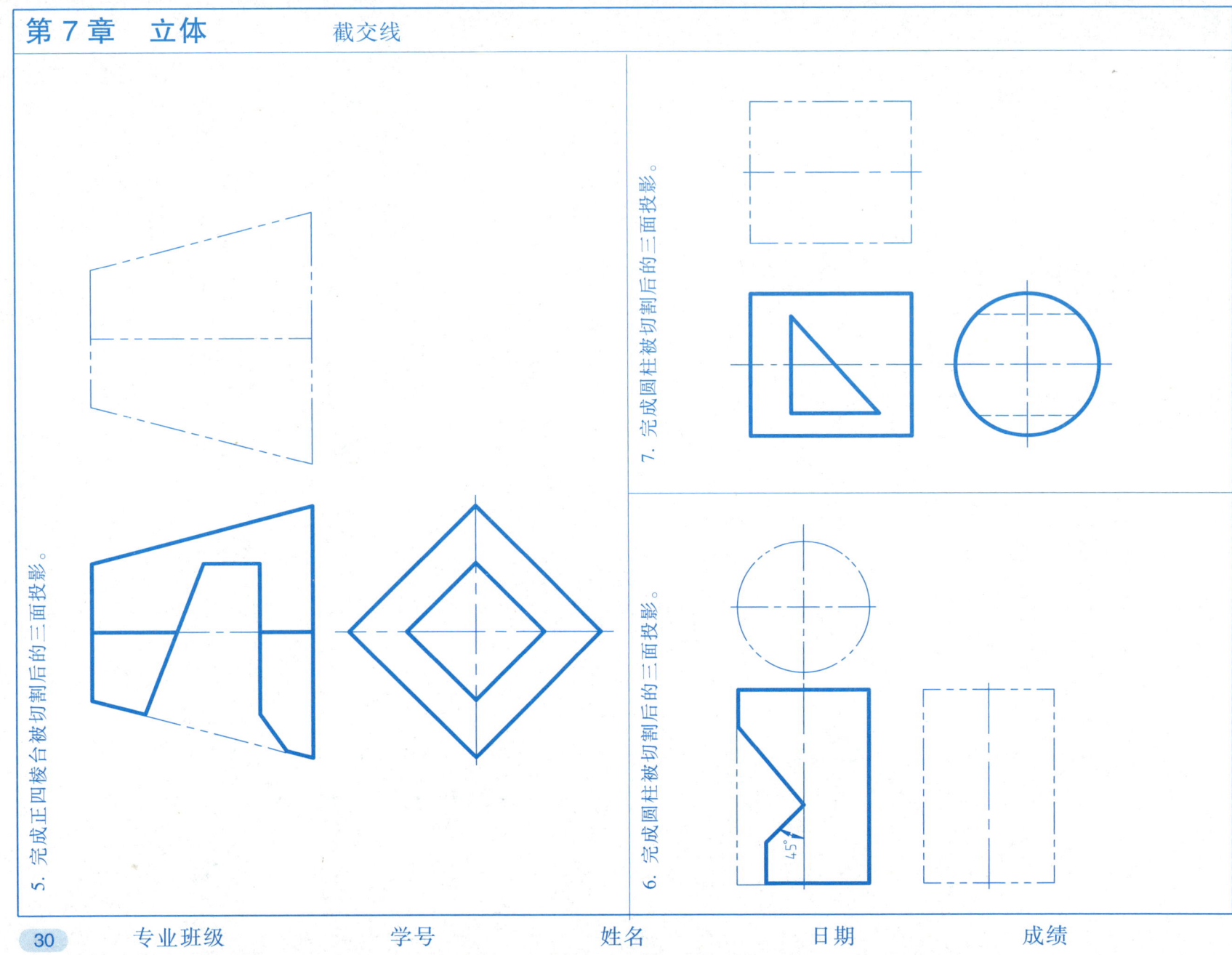

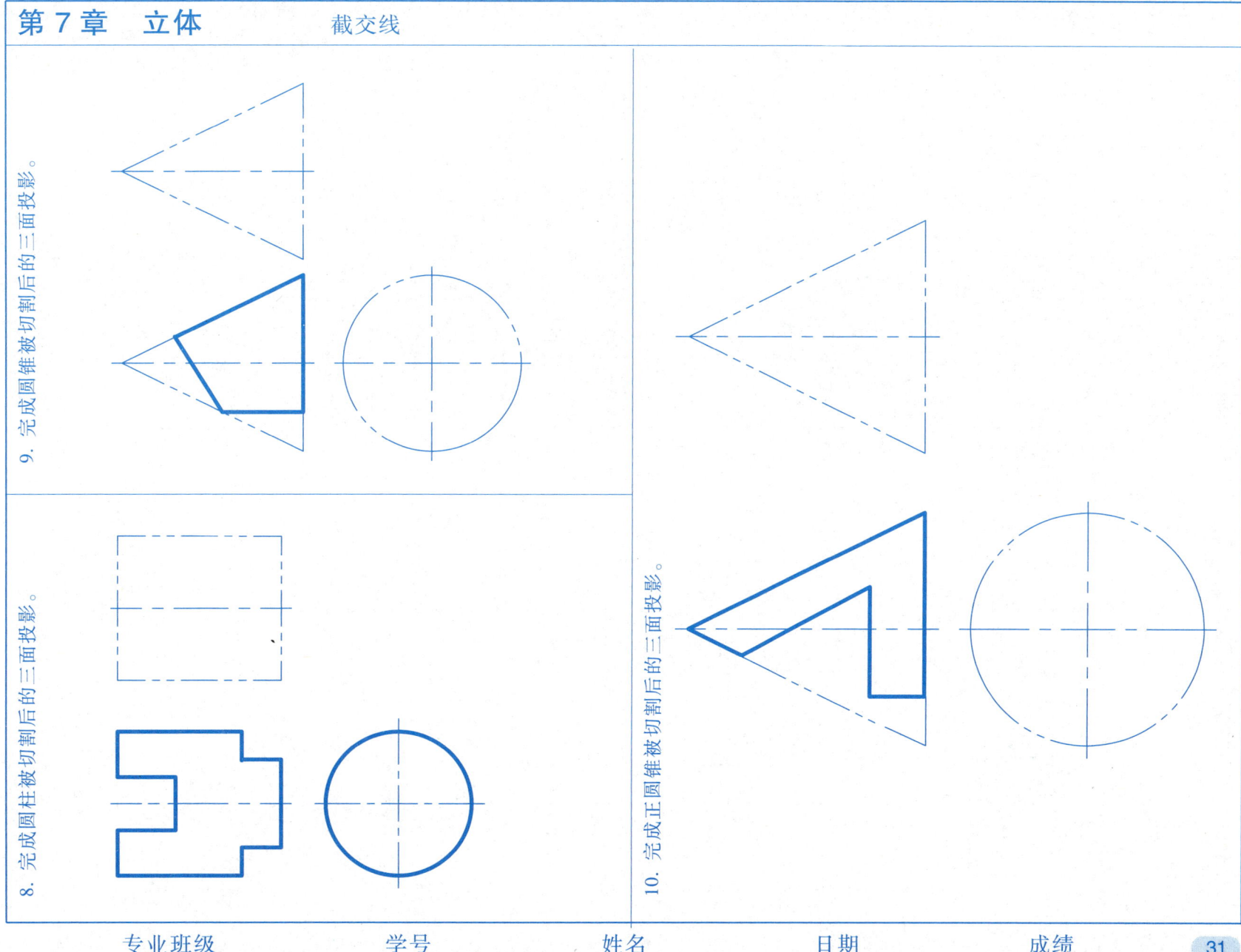

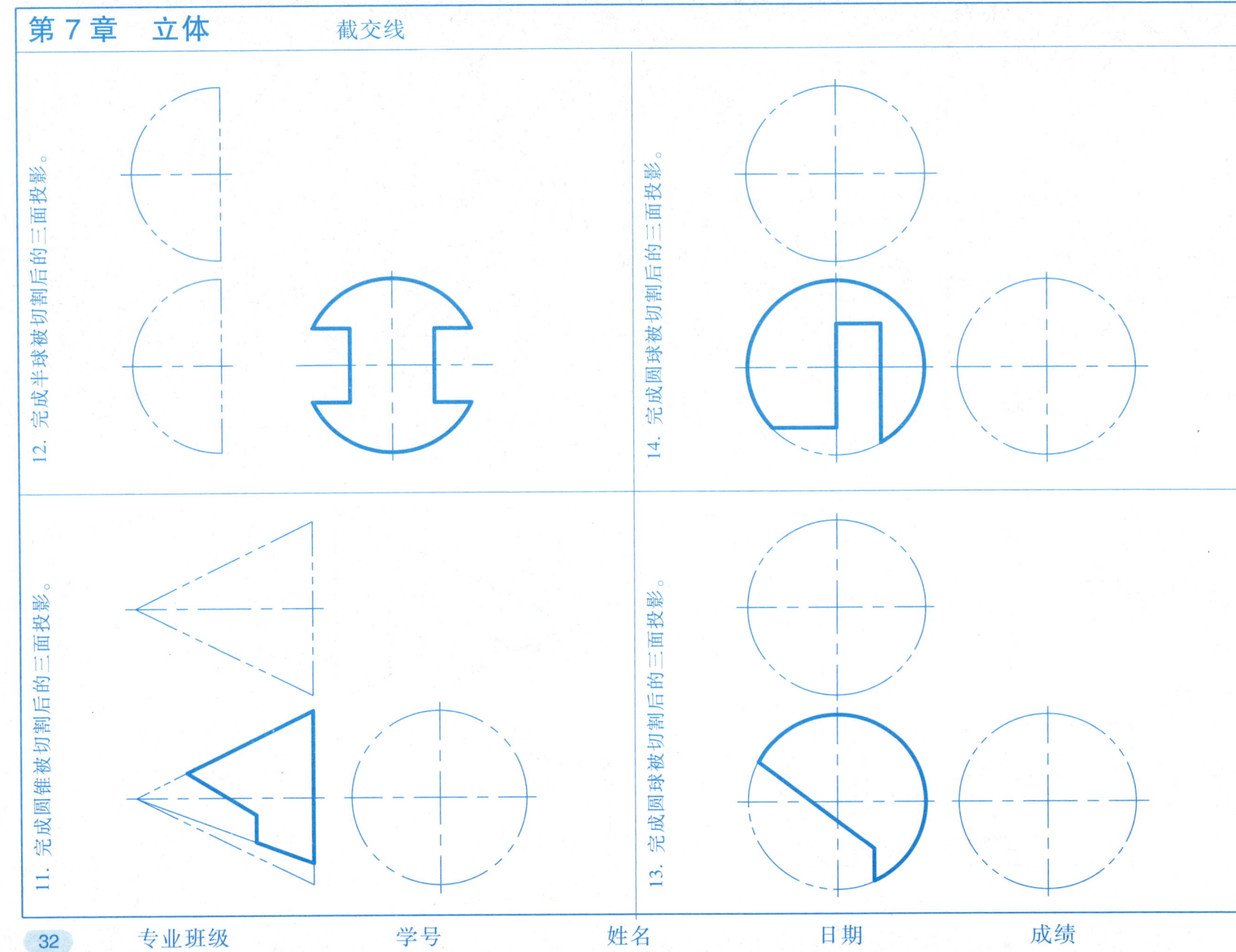

第8章 两立体表面的交线 　　两平面立体相交

1. 求作两三棱柱的相贯线。

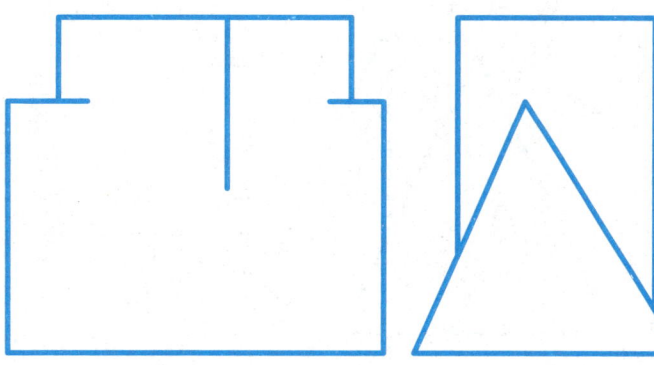

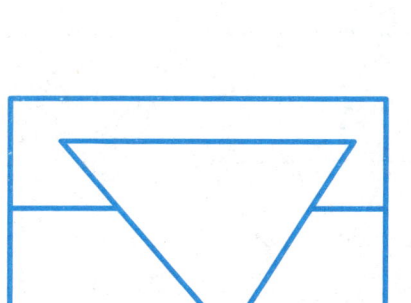

2. 求作两平面立体的相贯线。

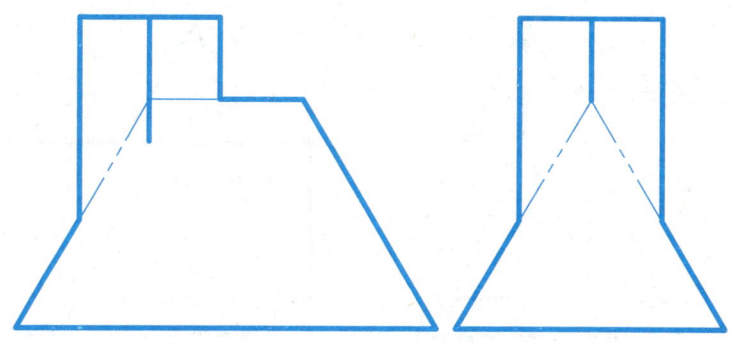

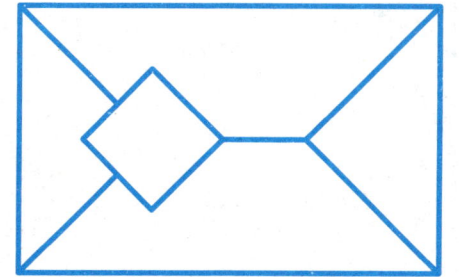

专业班级　　　学号　　　姓名　　　日期　　　成绩

第 8 章 两立体表面的交线 两平面立体相交

3. 求作三棱柱与三棱锥的相贯线。

4. 求作三棱柱与三棱锥的相贯线。

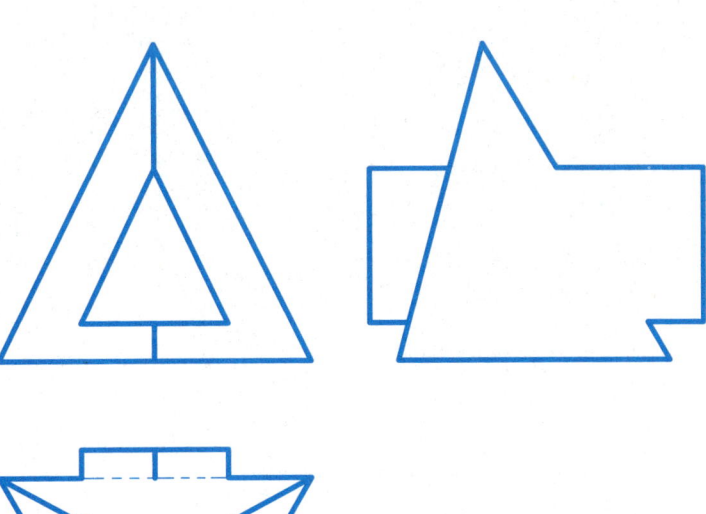
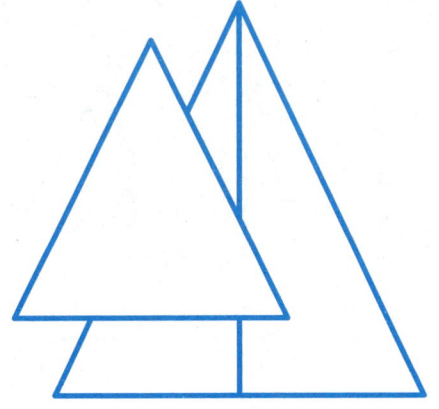
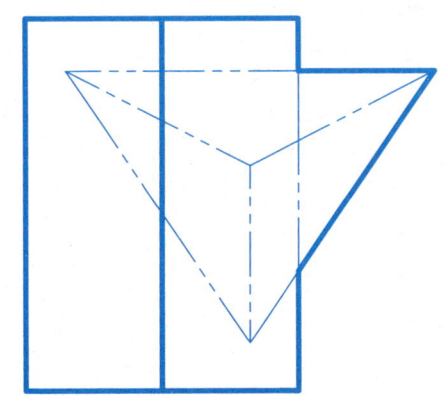

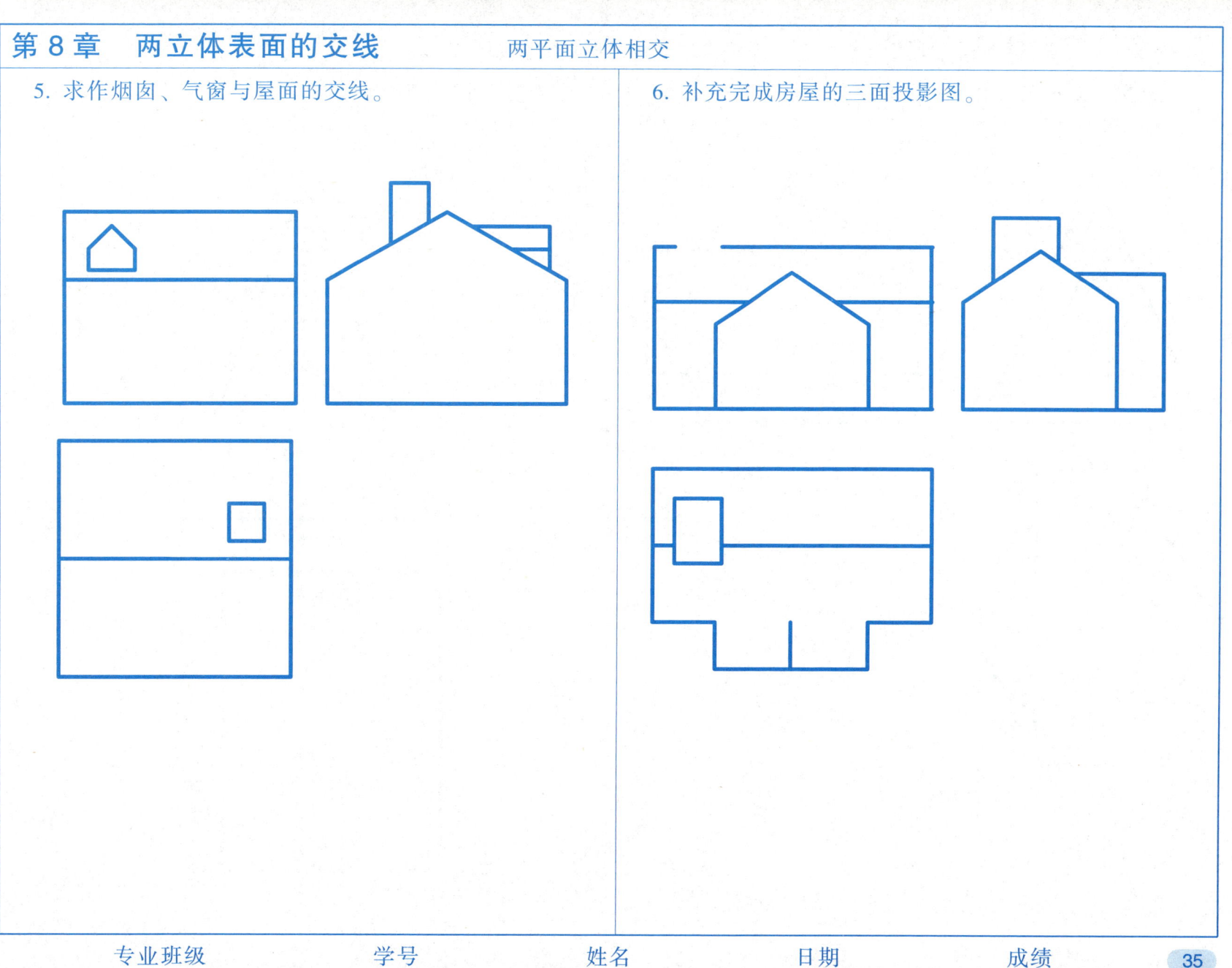

第 8 章　两立体表面的交线　　平面立体与曲面立体相交

1. 求作三棱柱与圆锥的相贯线。

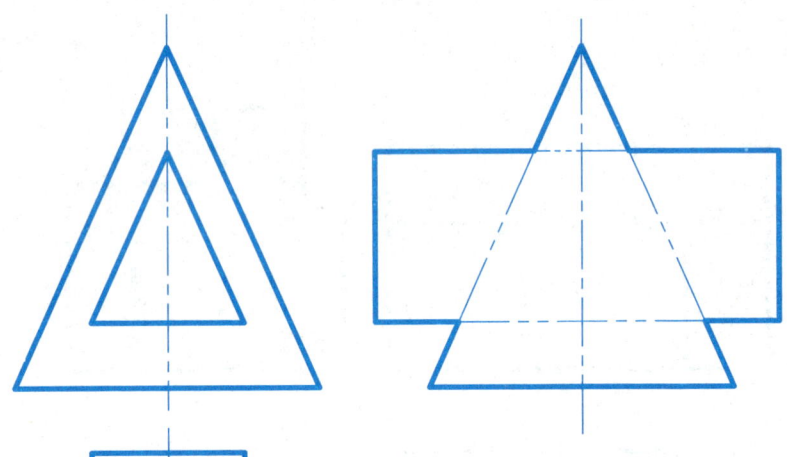

2. 求作三棱柱与圆锥的相贯线。

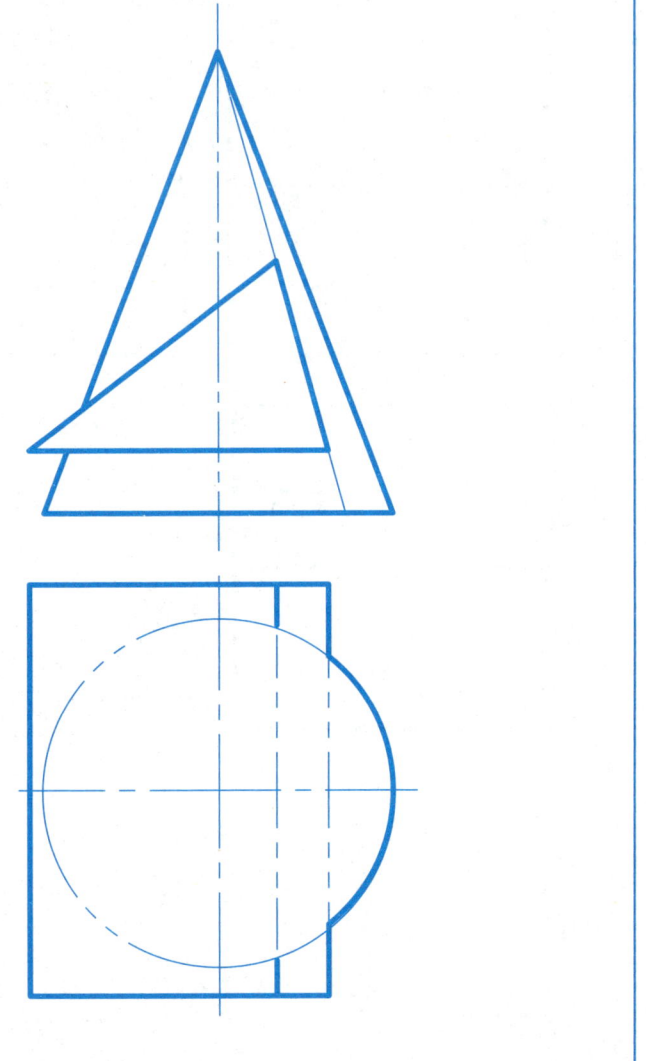

第 8 章 两立体表面的交线 平面立体与曲面立体相交

3. 求作圆柱与四棱锥的相贯线。

4. 求作四棱柱与半球的相贯线。

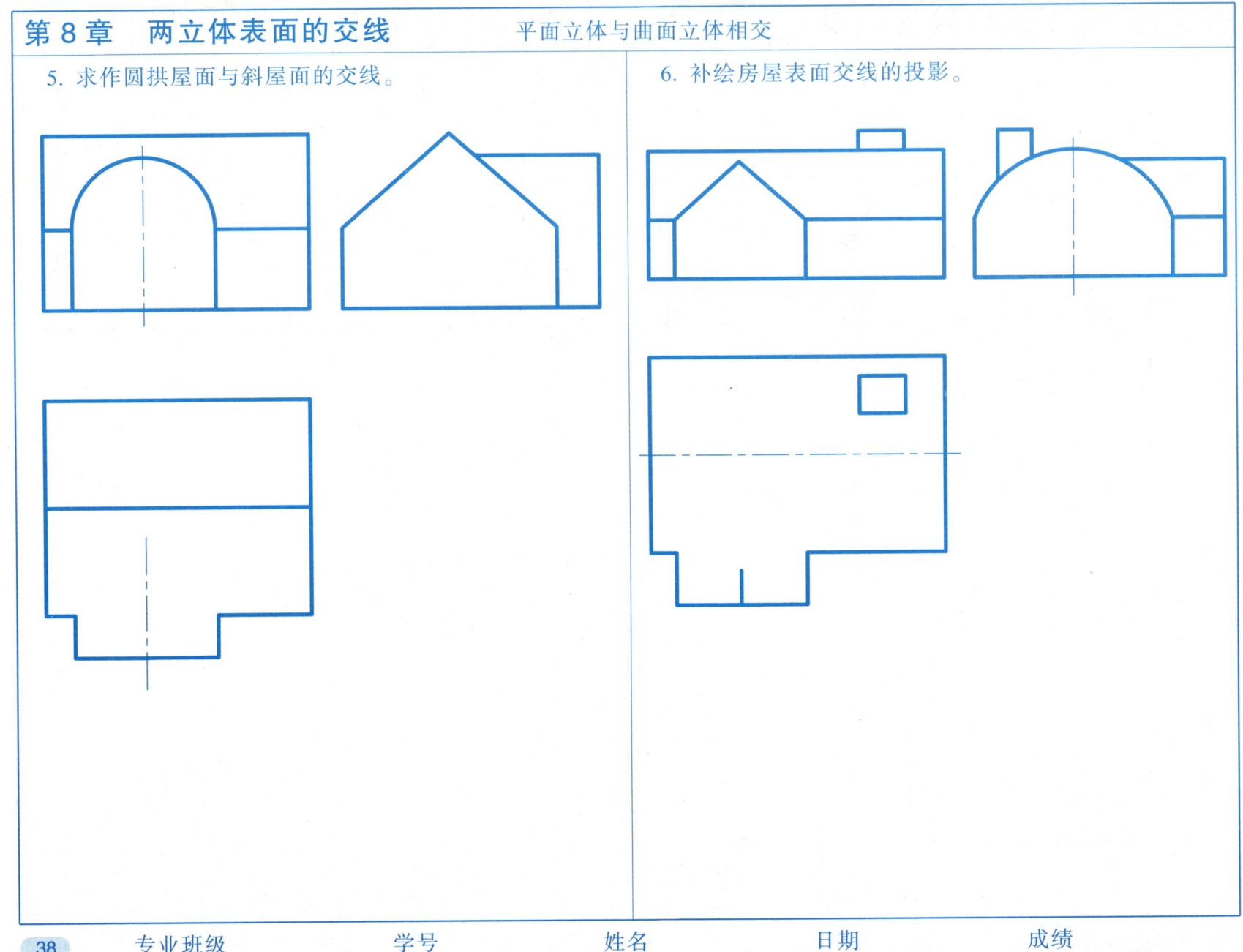

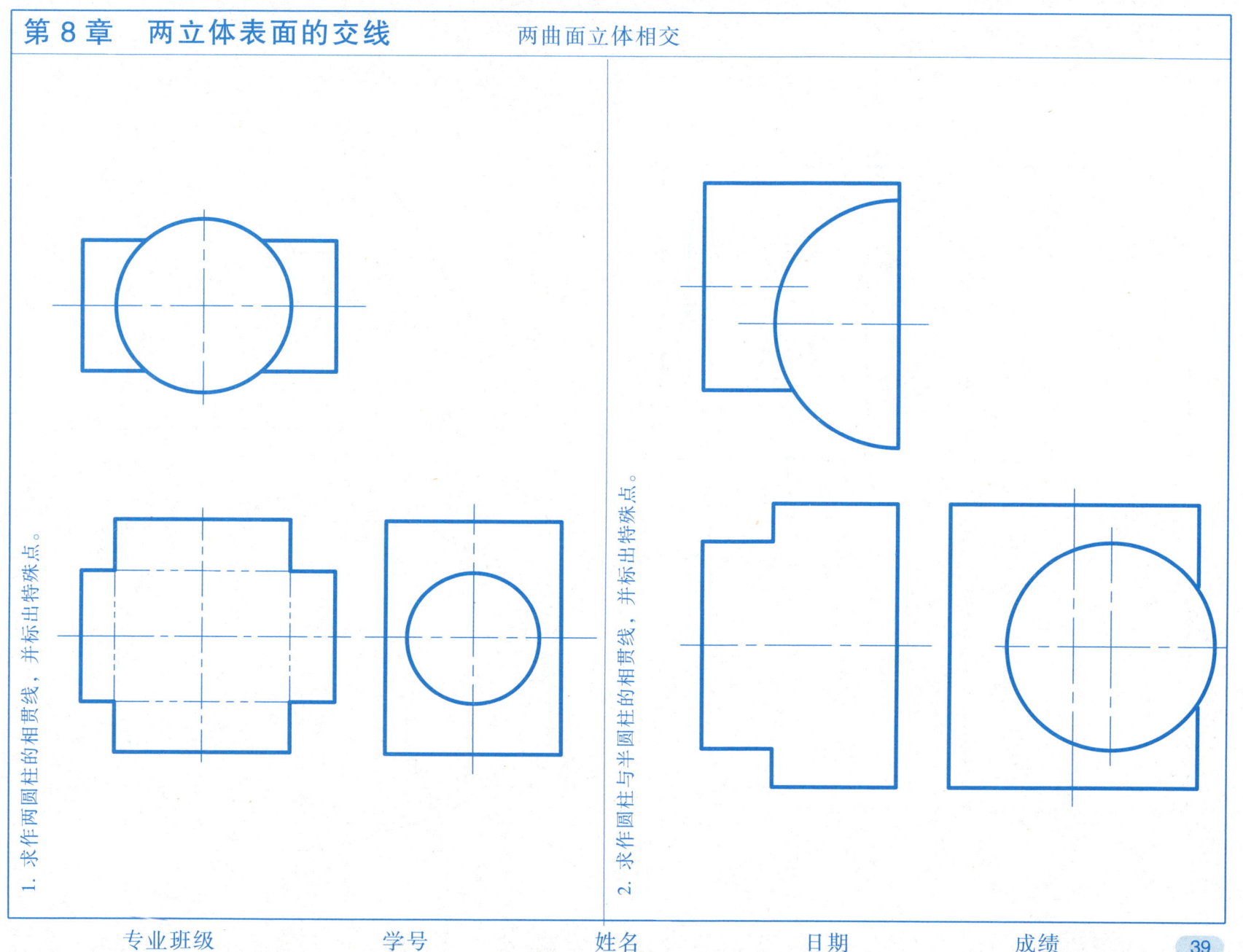

第 8 章 两立体表面的交线   两曲面立体相交

3. 求作溢流坝和闸墩表面交线，并标出特殊点。

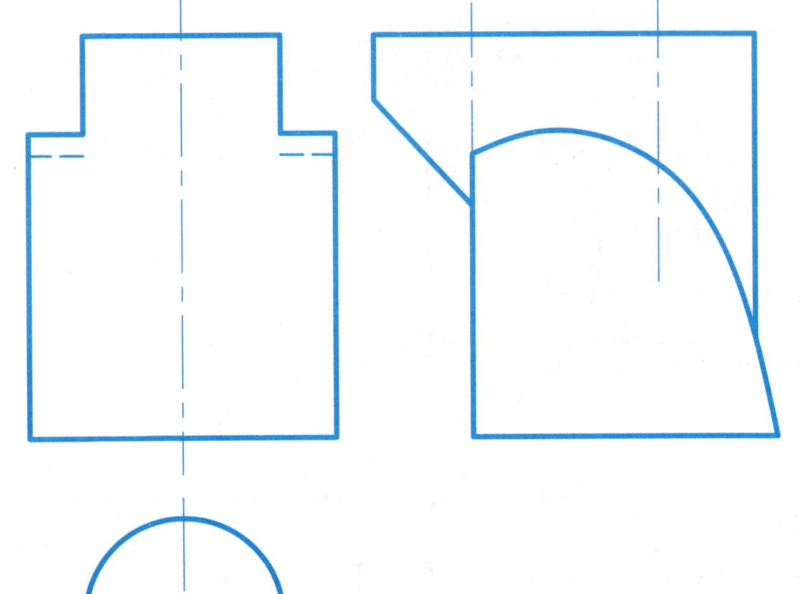

4. 用辅助平面法求作圆锥体与半球的相贯线，并标出特殊点。

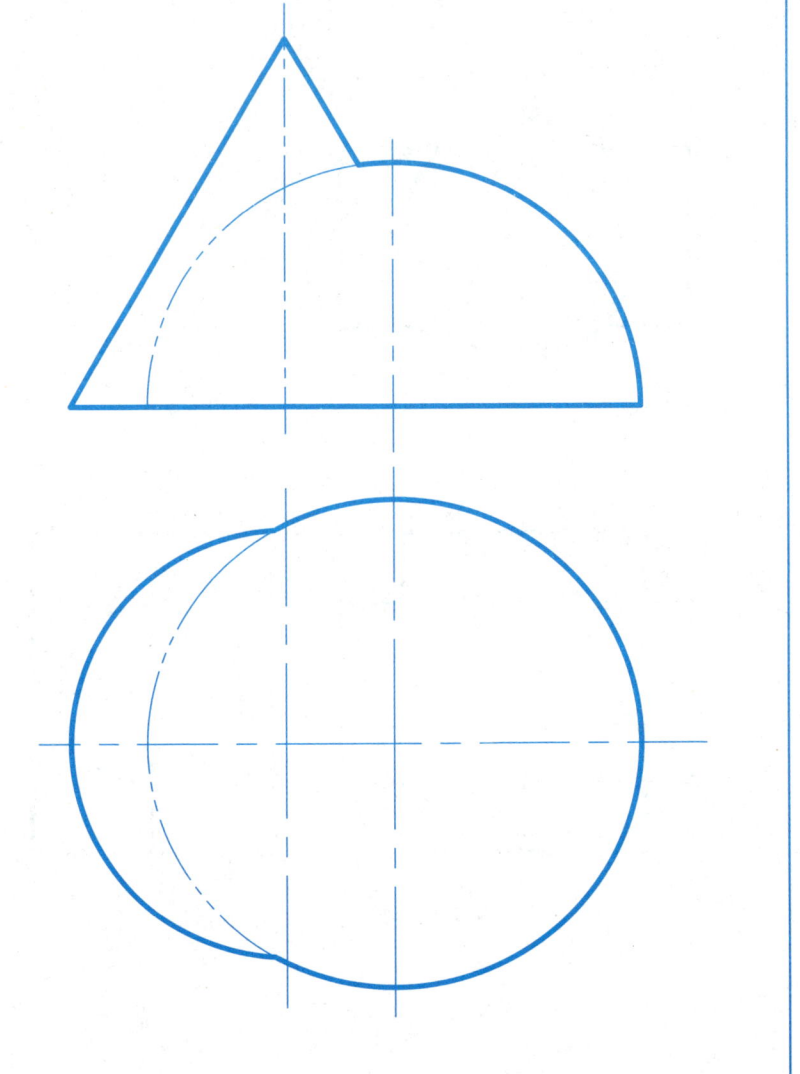

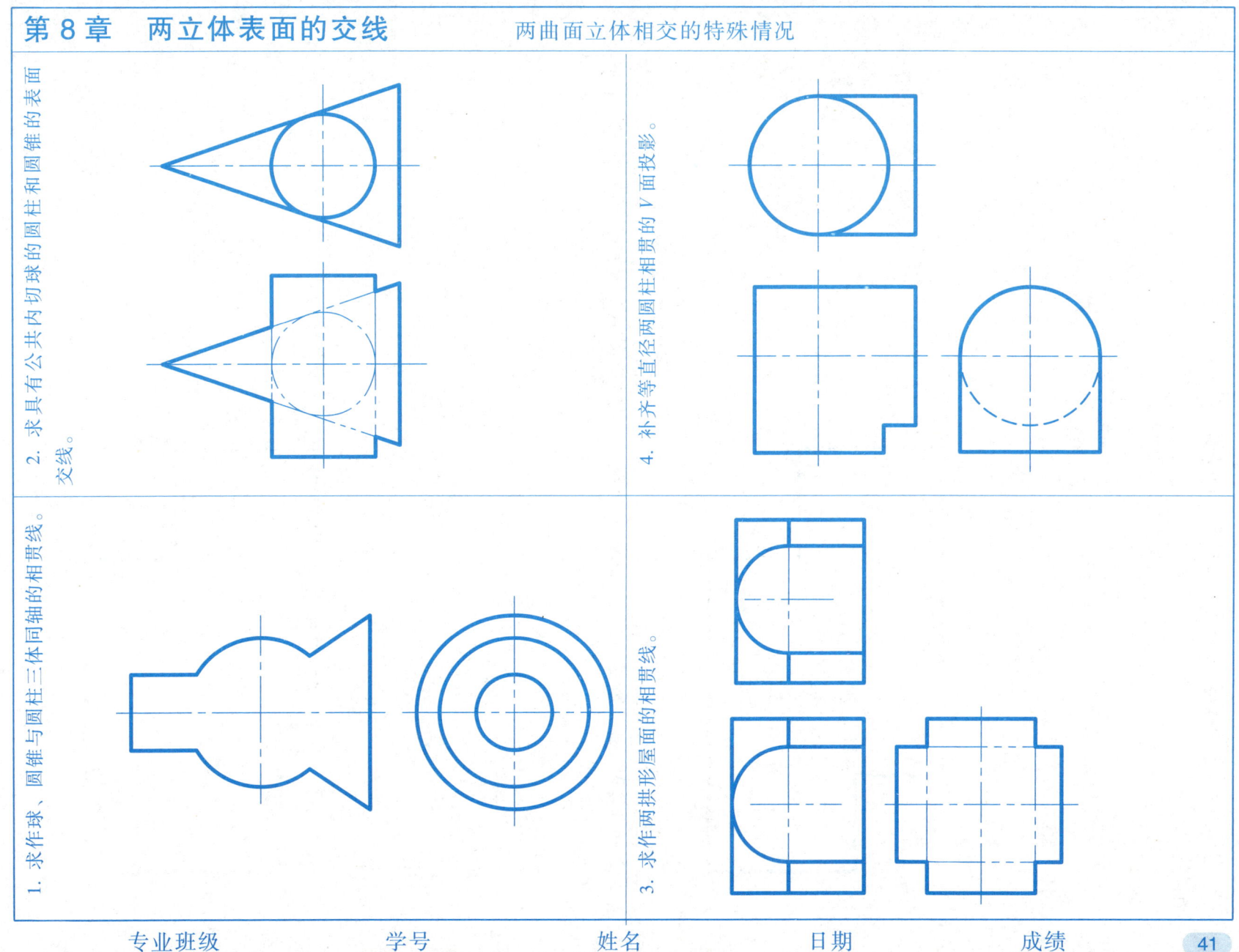

第 8 章　两立体表面的交线　　同坡屋面

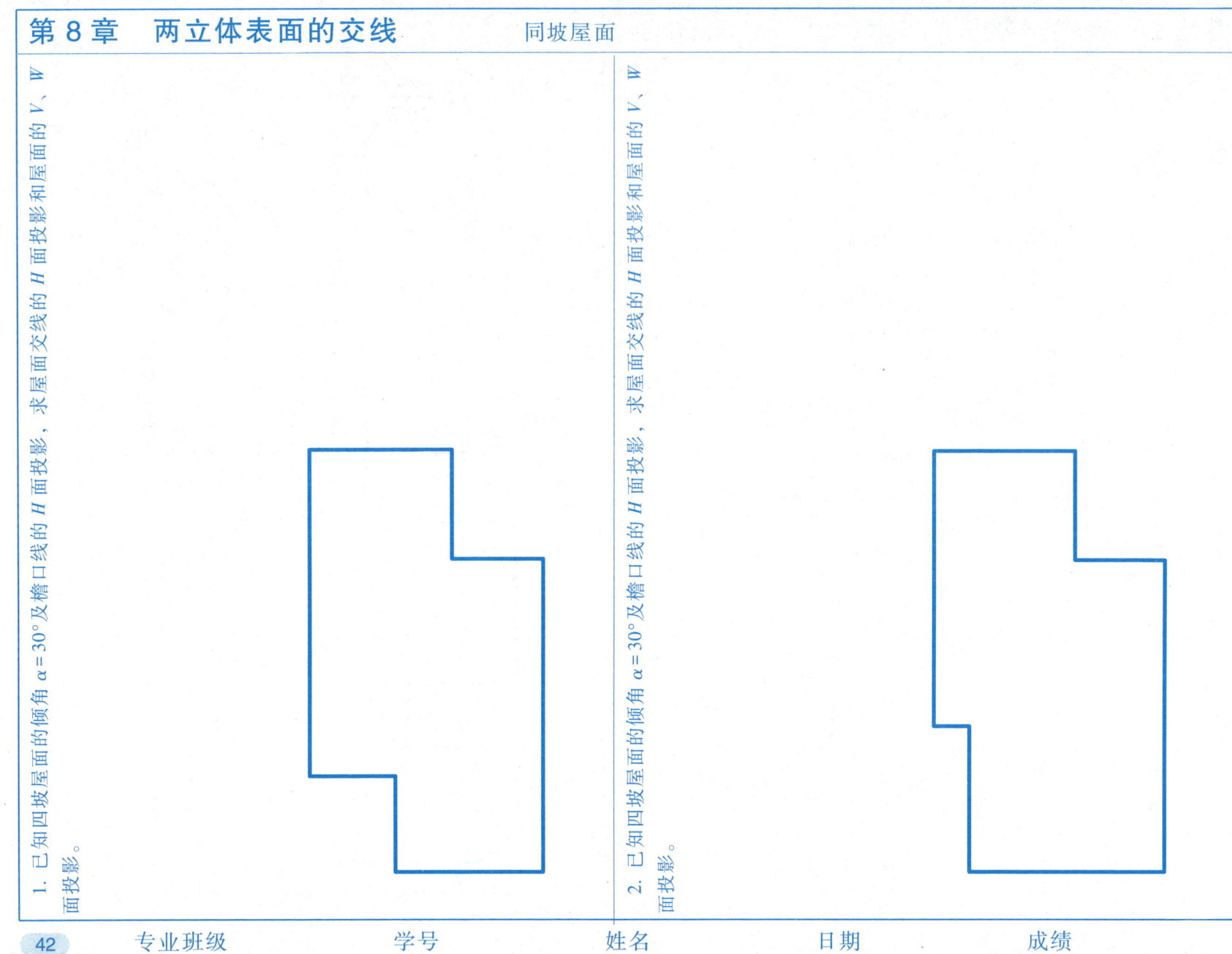

1. 已知四坡屋面的倾角 α=30° 及檐口线的 H 面投影，求屋面交线的 H 面投影和屋面的 V、W 面投影。

2. 已知四坡屋面的倾角 α=30° 及檐口线的 H 面投影，求屋面交线的 H 面投影和屋面的 V、W 面投影。

第 9 章 曲线与曲面的画法

1. 参照立体图作水闸闸墩的 W 面投影。

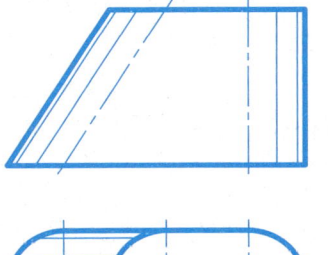
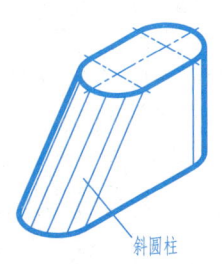

斜圆柱

2. 以曲线 AFC 和 BED 为导线，V 面为导平面，作柱状面翼墙的 V 面投影。

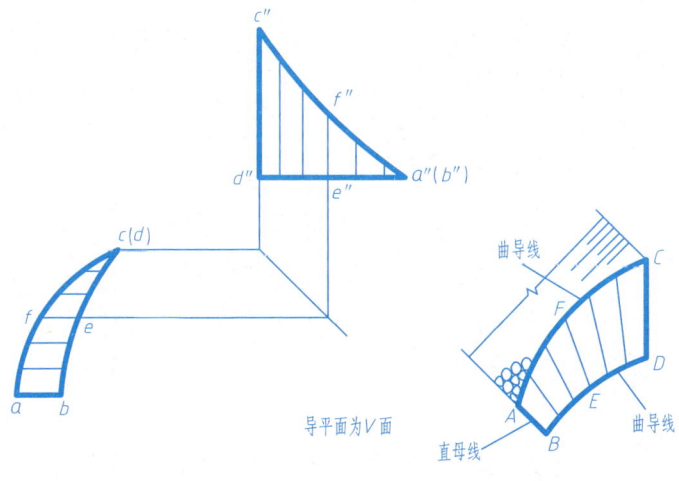

导平面为V面　　曲导线　　直母线　　曲导线

3. 参照立体图作桥墩的 W 面投影。

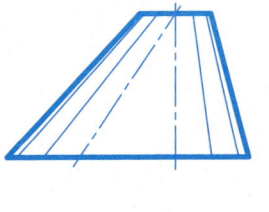
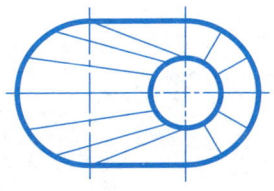
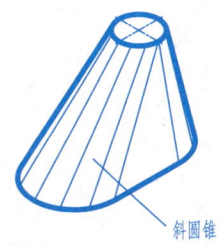

斜圆锥

4. 以直线 AB 和平曲线 CDE 为导线，V 面为导平面，作锥状面屋面的 V 面投影。

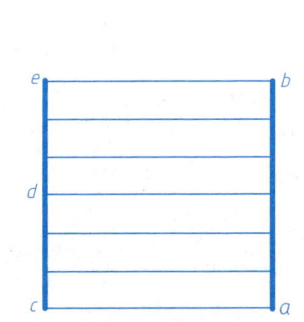

第9章 曲线与曲面的画法

5. 已知直母线 AB 和轴 O-O 的 V、H 面投影，求旋转形成的单叶双曲回转面的 V、H 面投影。

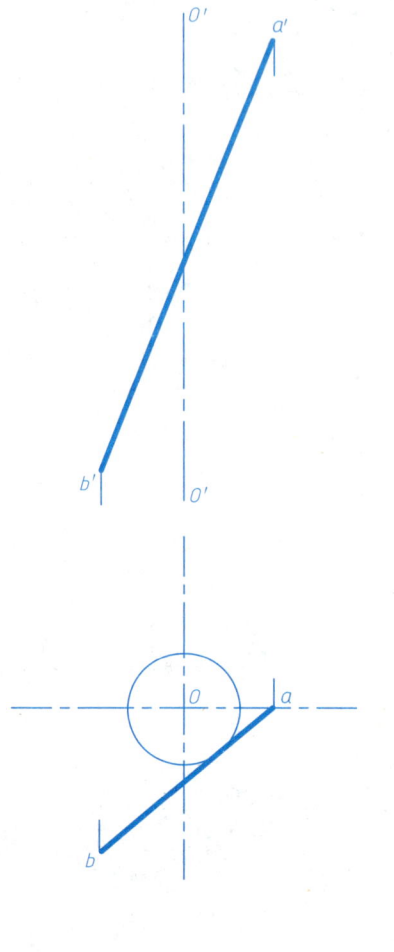

6. 已知导圆柱及导程，作右向圆柱螺旋线，起点在 A 处，并判别可见性。

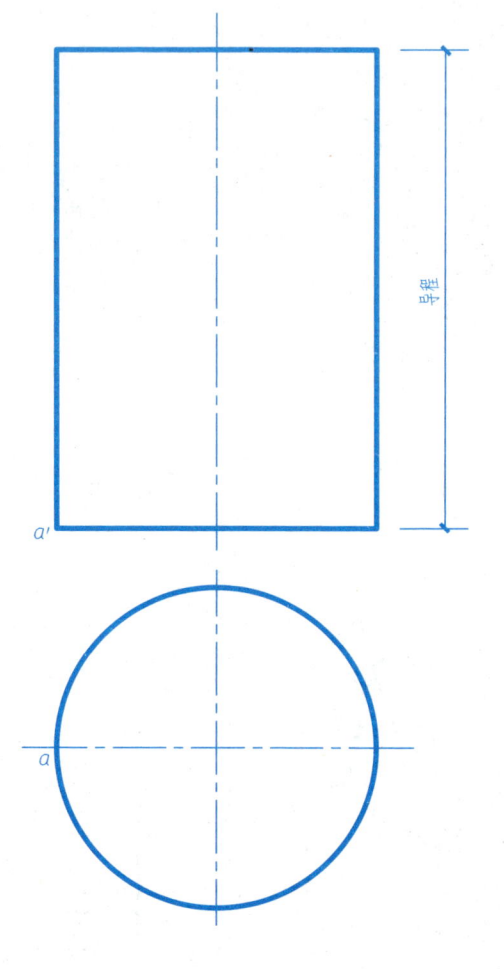

7. 已知楼梯扶手弯头断面的 V 面投影和弯头的 H 面投影，补绘由平螺旋面组成的楼梯扶手弯头的 V 面投影。

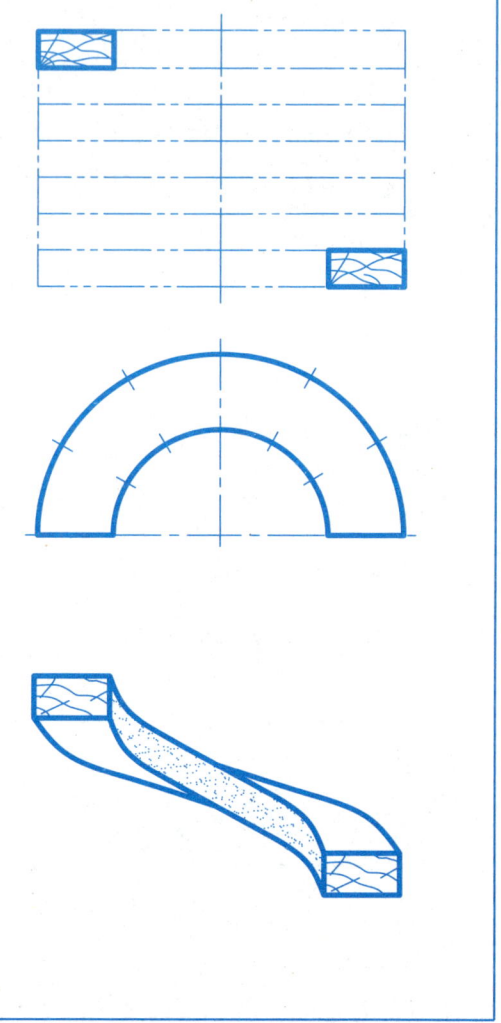

第 9 章 曲线与曲面的画法

8. 已知直导线 AB、CD 的投影，V 面为导平面，求作双曲抛物面的 V 面投影。

9. 已知直导线 AB、CD，导平面为铅垂面 R，及椭圆柱的投影，求双曲抛物面与椭圆柱面交线的投影。（提示：求出网格线的 V 面投影，再定出网格中椭圆相关点。）

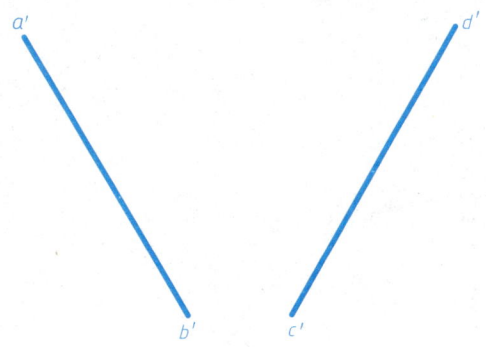

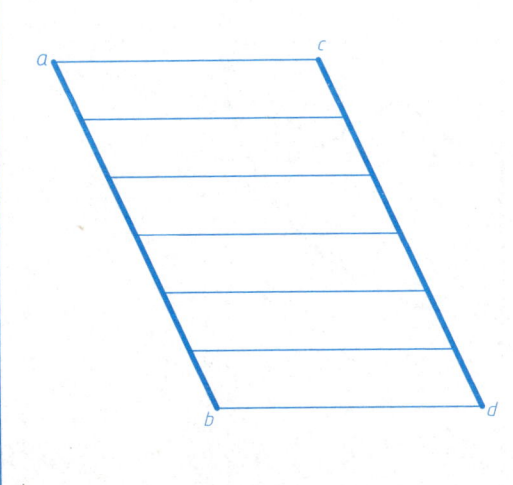

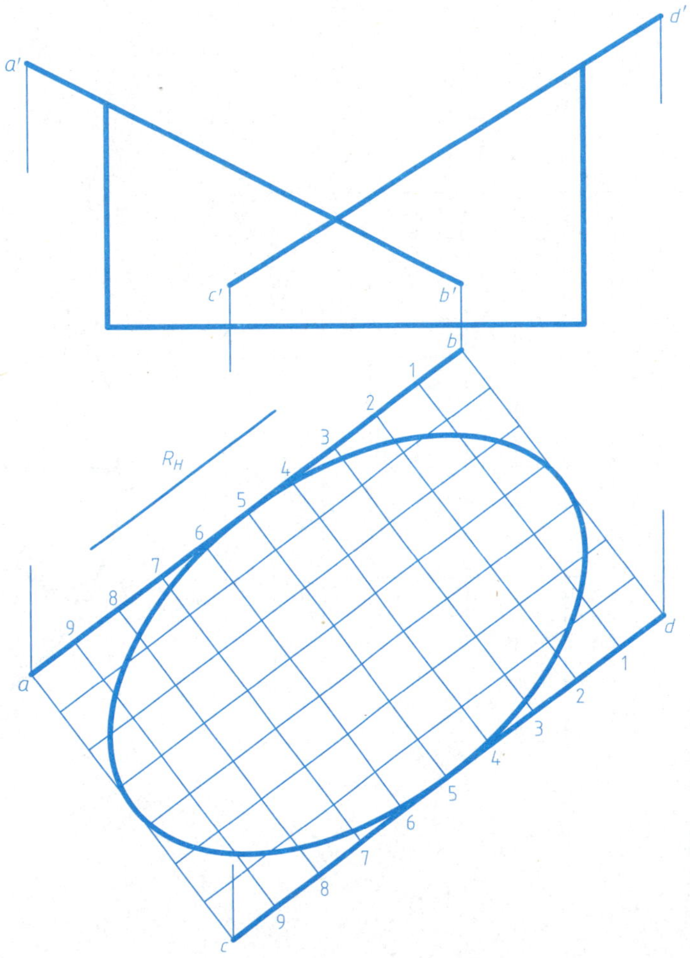

| 专业班级 | 学号 | 姓名 | 日期 | 成绩 |

第 9 章 曲线与曲面的画法

10. 已知左旋楼梯内、外圆柱的 H 面投影，旋转一圈的高度为图中网格的总高度，踢面高度及梯面高度为图中网格的每一小格，梯板竖直厚度均为网格的每一小格，画出该楼梯的 V 面投影（注："1"为起点）。

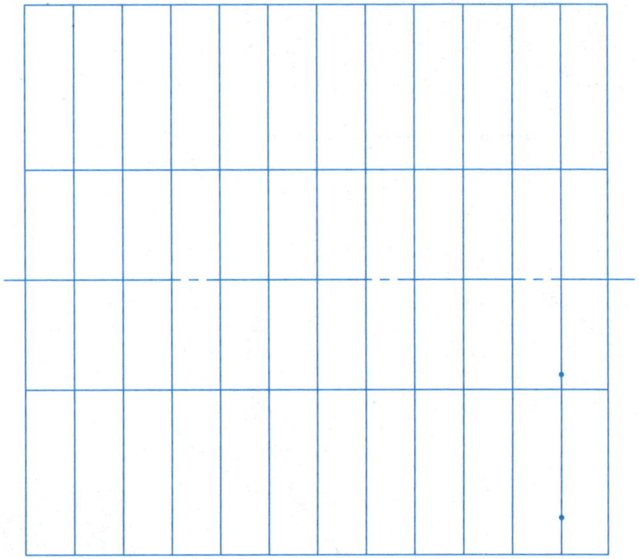

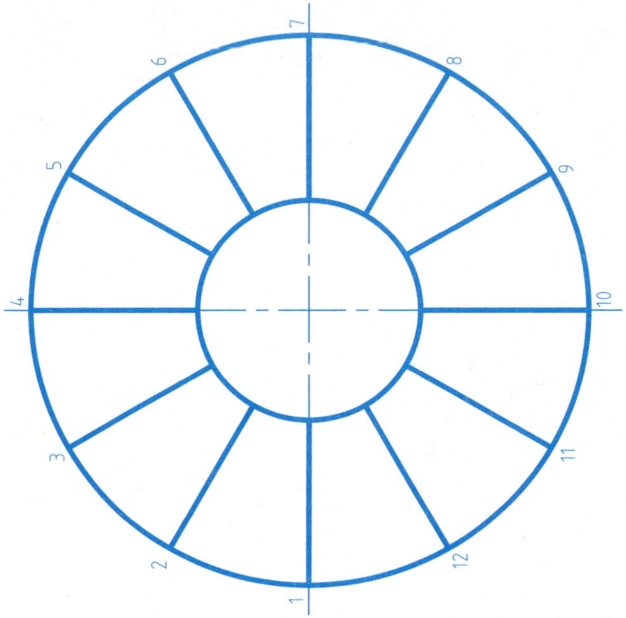

第 10 章 组合体的投影　　　　组合体的构成及分析方法

1. 参考立体图，补全三视图中所缺的图线。

(1)

(4)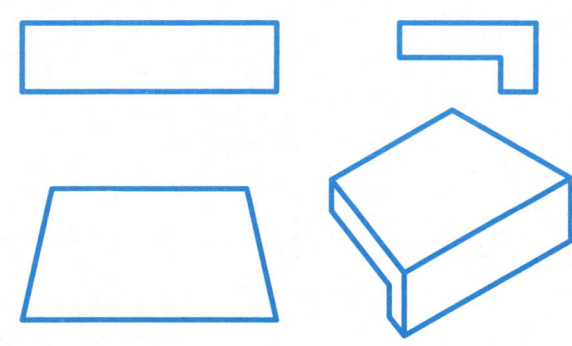

(2)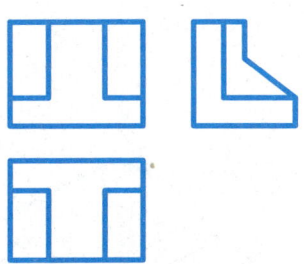

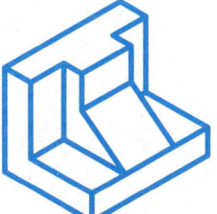

(5)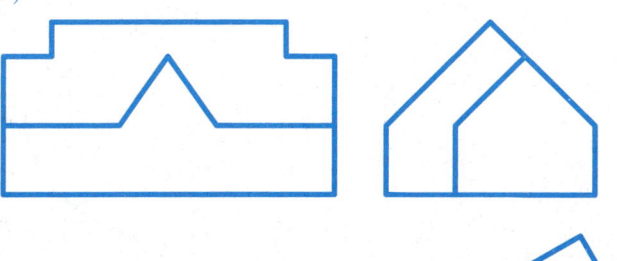

(3)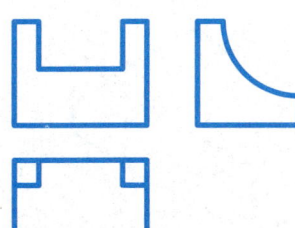

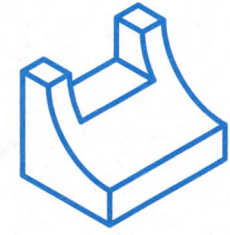

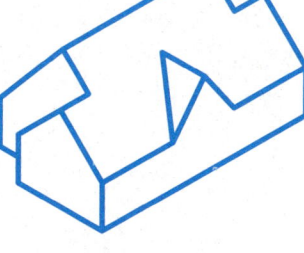

| 专业班级 | 学号 | 姓名 | 日期 | 成绩 |

第 10 章 组合体的投影   组合体投影图的画法

1. 根据立体图绘制组合体的三面投影图（尺寸从立体图上按 1：1 量取）。

　　（1）台阶　　　　　　　　　　　　　　　　　　　　　（2）拱涵洞身

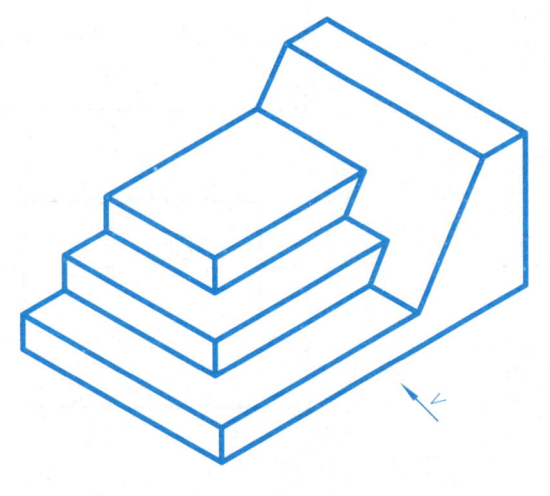
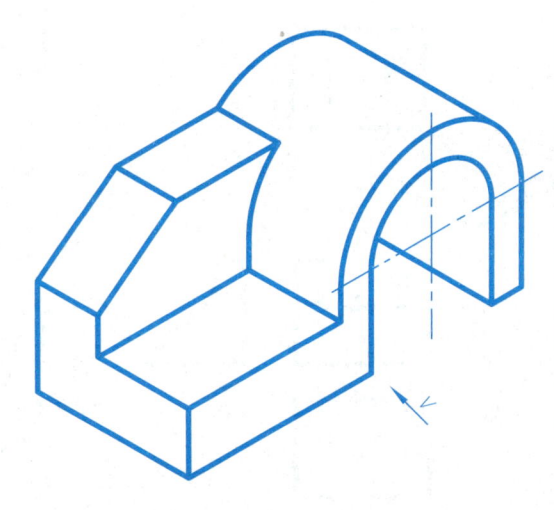

第 10 章 组合体的投影   组合体投影图的画法

2. 根据给出的两面投影补画第三投影。

(1)

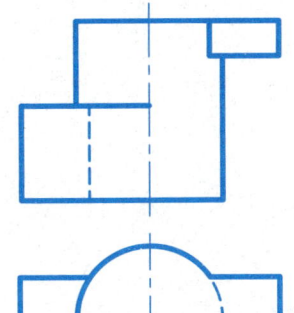
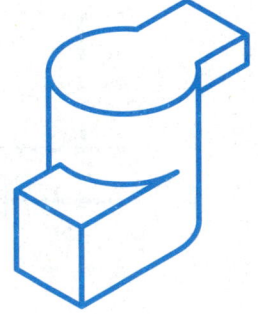

(3)

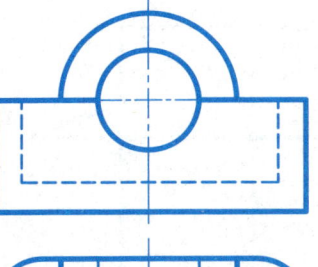

(2)

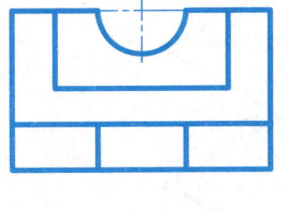
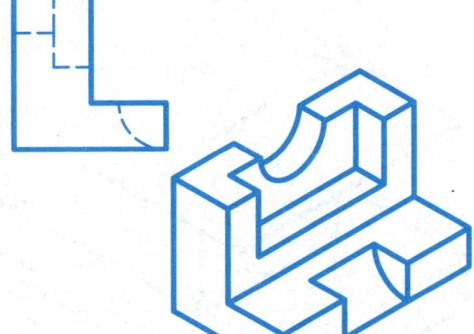

(4)

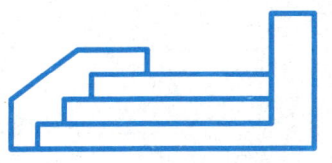 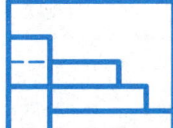

专业班级　　　　学号　　　　姓名　　　　日期　　　　成绩

第 10 章　组合体的投影　　　组合体的尺寸标注

1. 参考轴测图补画所缺的第三视图并标注尺寸（图的比例为 1：10，尺寸从图中按比例量取）。

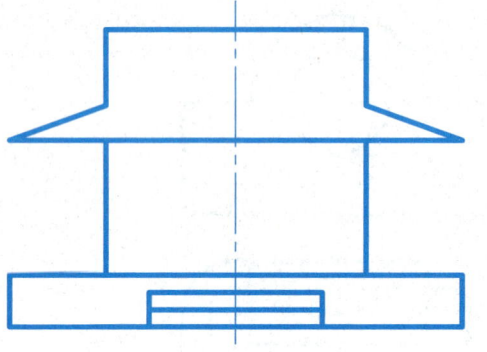
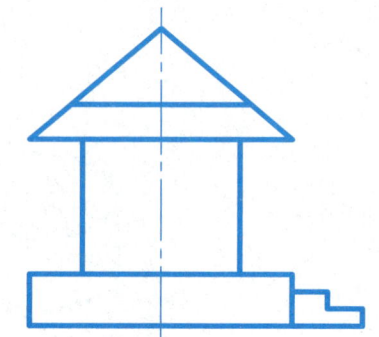

第 10 章 组合体的投影   组合体的尺寸标注

2. 参考轴测图补画所缺的第三视图并标注尺寸（尺寸从图中按 1∶1 比例量取）。

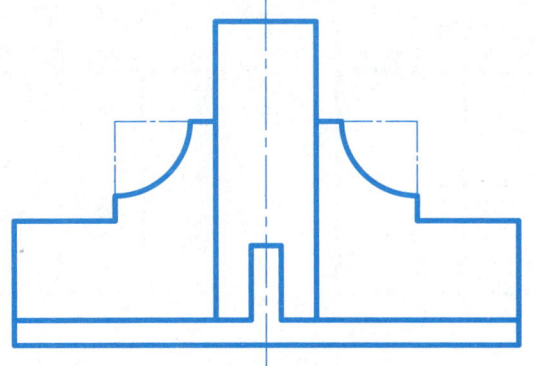

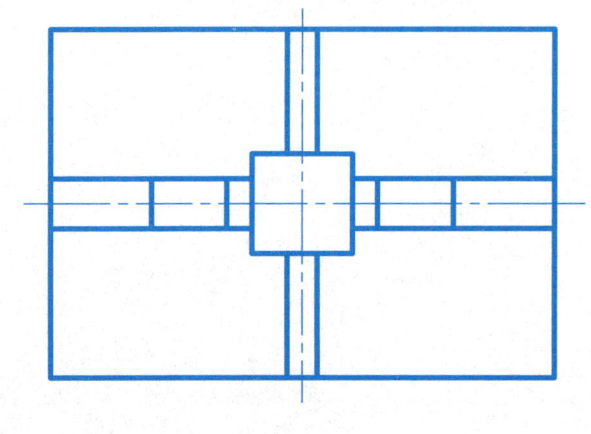

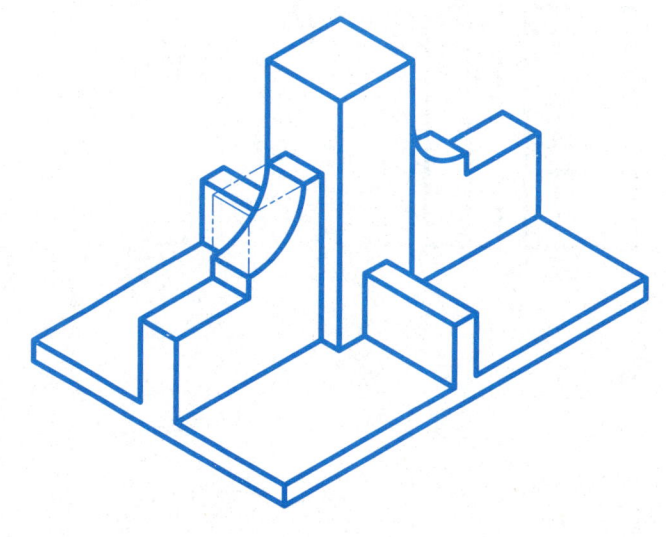

第 10 章 组合体的投影 阅读组合体投影图

1. 分析形体（挡土墙）的三面投影，补齐平面 A、B、C、D、E、F 所缺投影符号，在右侧空白处徒手绘出该形体的轴测图并标出平面的立体位置。

2. 补齐直线 AB、CD 和平面 P、Q 所缺的投影符号，在右侧空白处徒手绘出该形体的轴测图并标出直线和平面的立体位置。

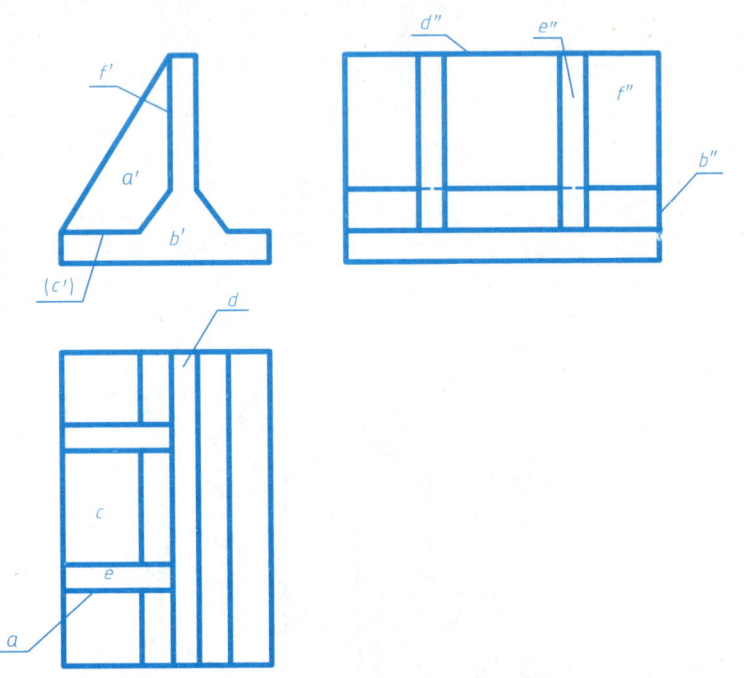
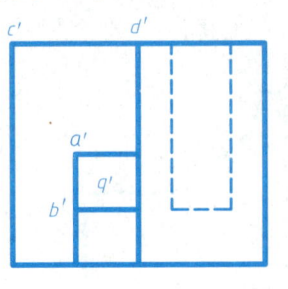
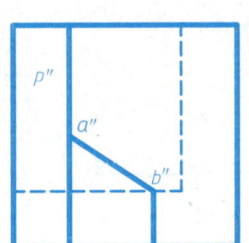
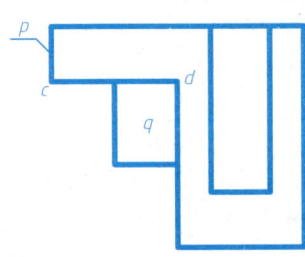

第10章 组合体的投影　　阅读组合体投影图

3. 根据给出构件的两面投影，补画第三面投影。

（1）梯级

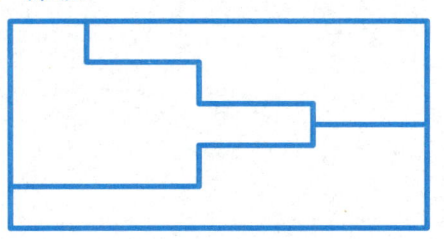 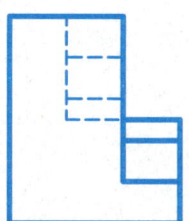

（3）建筑配件

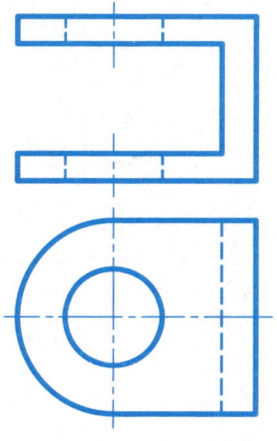

（2）水渠

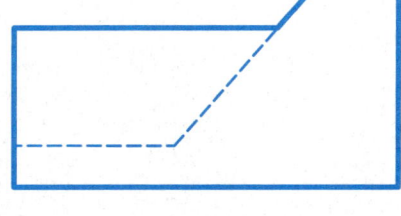 

（4）桥墩

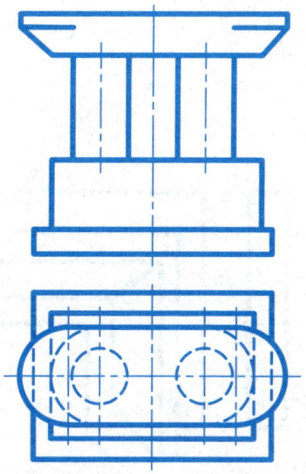

第 10 章　组合体的投影　　阅读组合体投影图

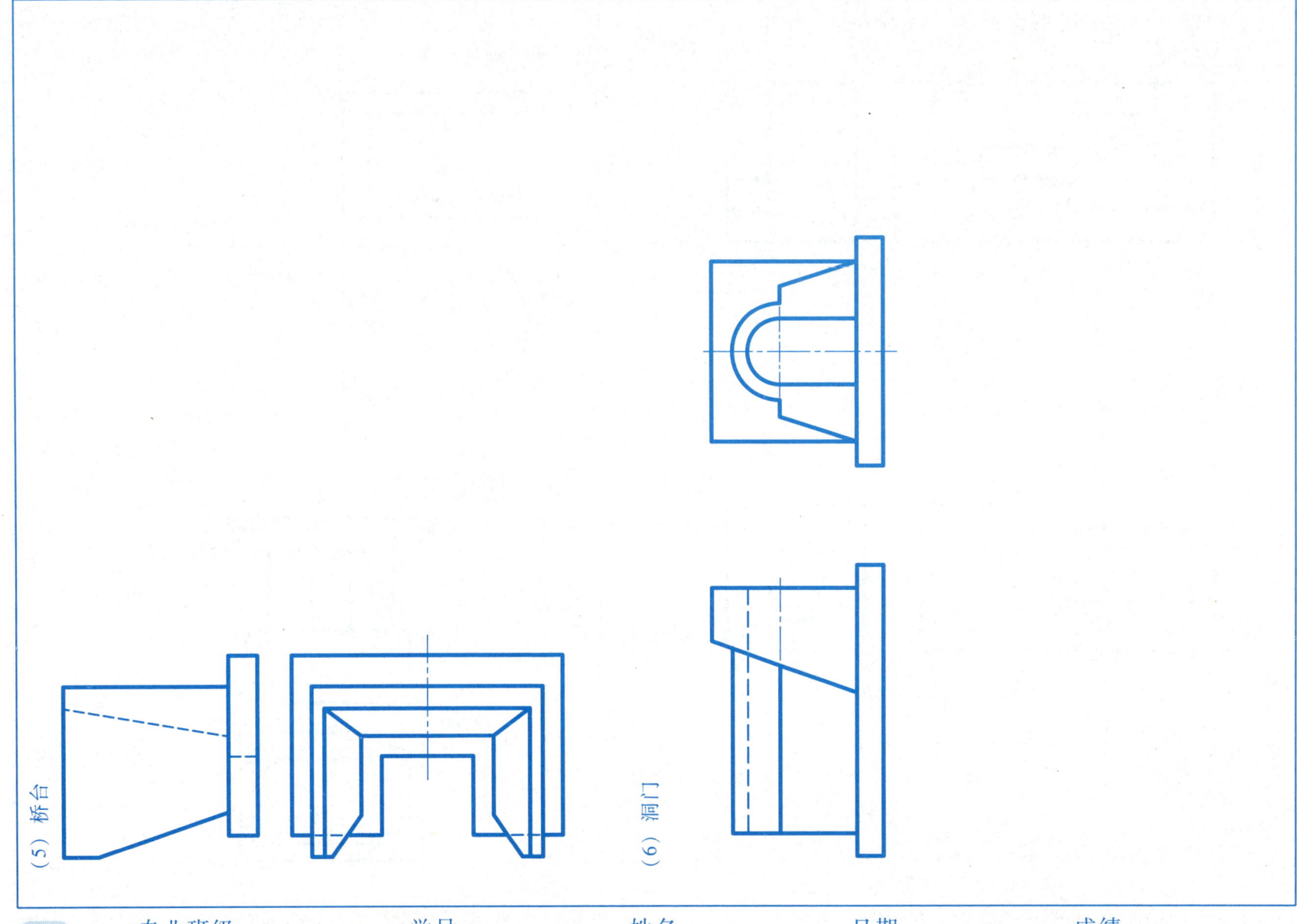

第 11 章　工程形体的常用表达方法　　　视图

1. 根据给出的房屋（模型）的主、俯、左视图，在指定位置画出其右视图（A向）、仰视图（B向）、后视图（C向）（不可见的图线画虚线）。

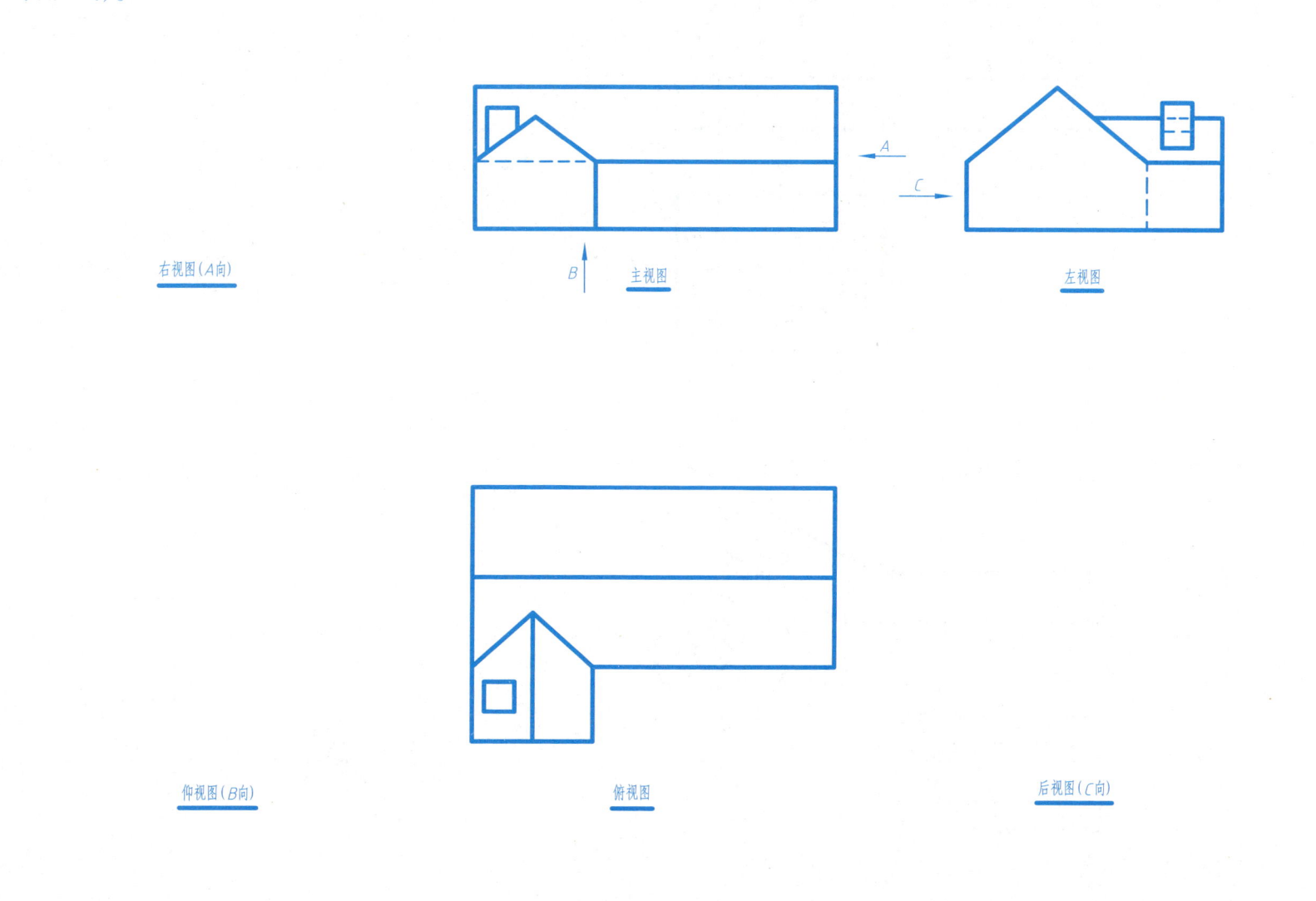

第 11 章　工程形体的常用表达方法　　　视图

2. 已知构件的主、俯、右视图，在指定位置画出其左视图、仰视图、后视图（不可见的图线画虚线）。

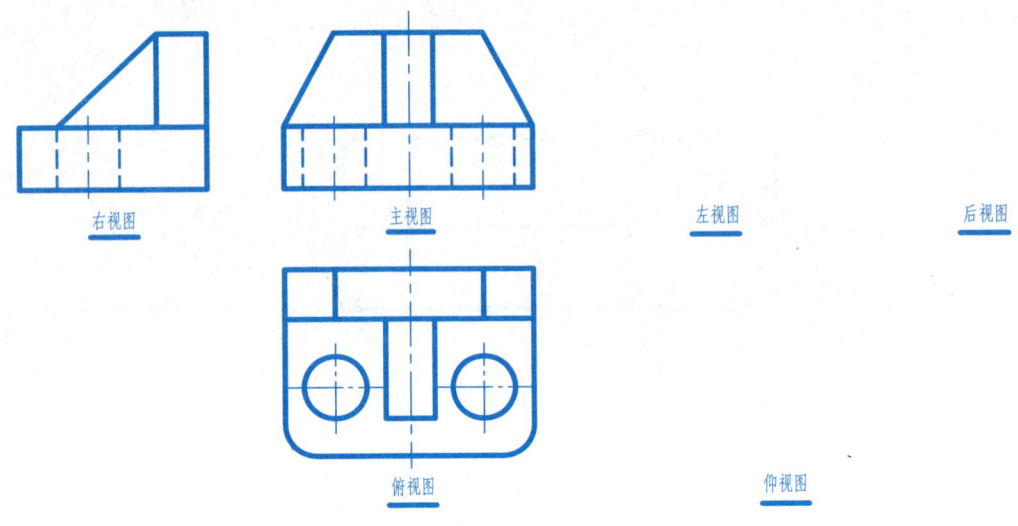

右视图　　主视图　　左视图　　后视图

俯视图　　仰视图

3. 根据立体的主视图、局部视图、斜视图，在指定位置将立体的俯视图画成展开视图。

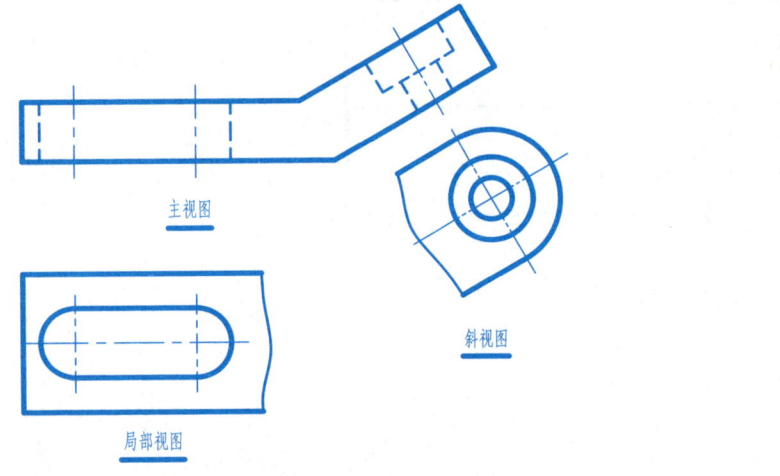

主视图　　斜视图　　俯视图(展开)

局部视图

第 11 章 工程形体的常用表达方法

剖面图（本章习题中未指定材料的断面，采用通用图例）

1. 选择填空

（1）已知立体的主、俯视图，正确的全剖面图是（　　）。

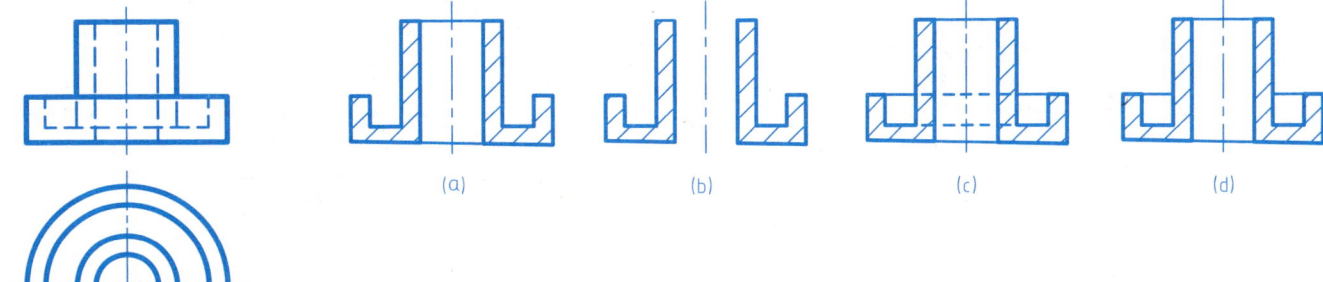

（2）已知立体的主、俯视图，正确的全剖面图是（　　）。

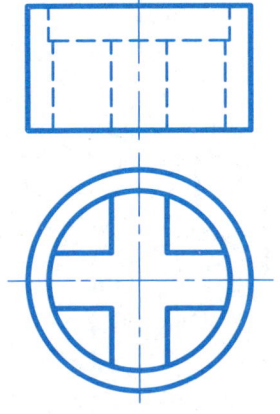
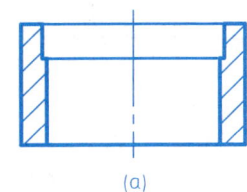
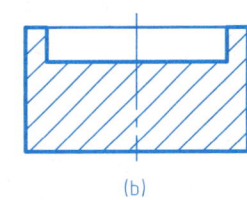
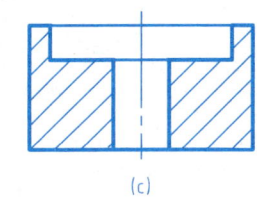
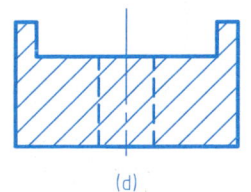

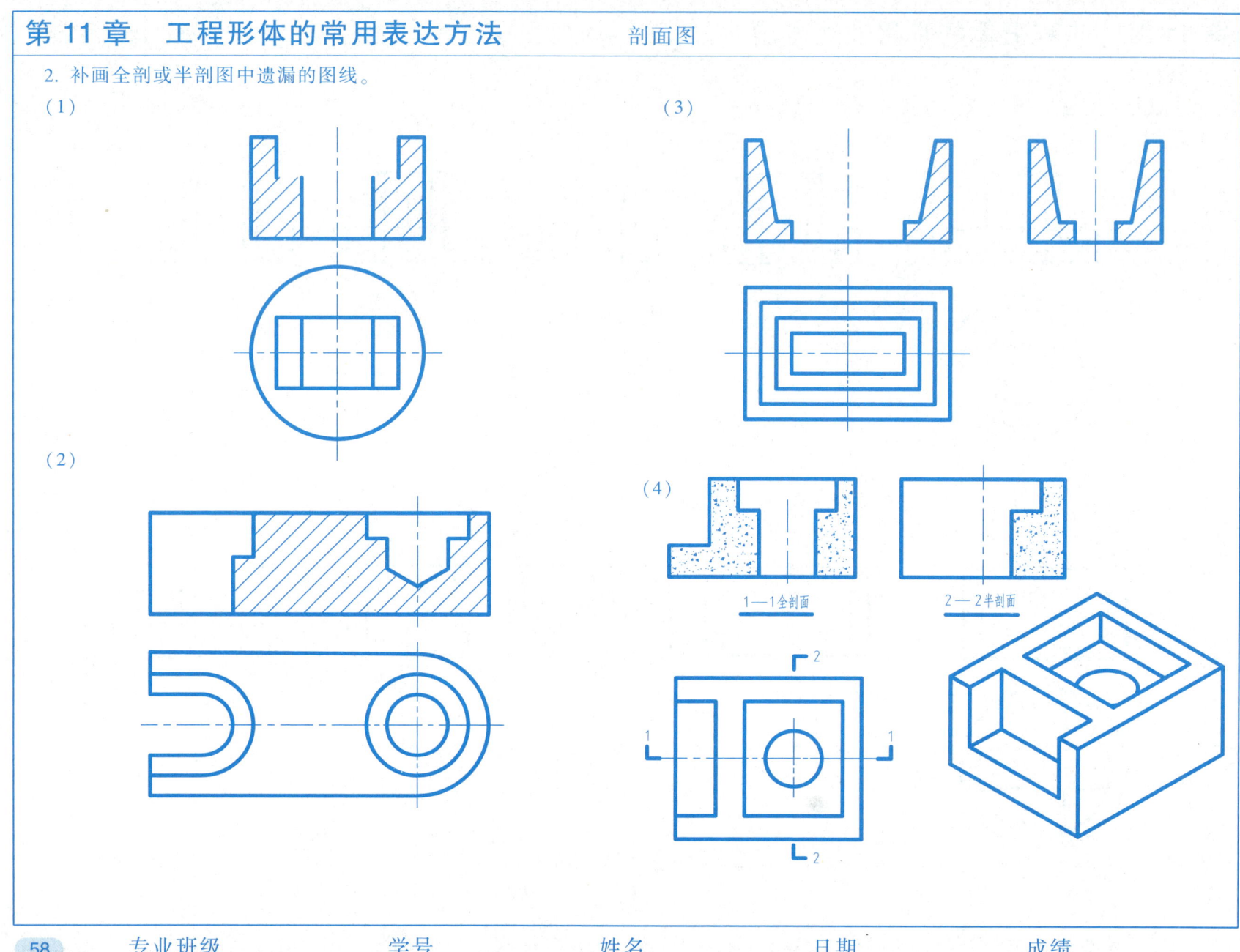

第 11 章 工程形体的常用表达方法   剖面图

3. 根据投影图作出基础 1—1、2—2 半剖面图（材料为钢筋混凝土）。

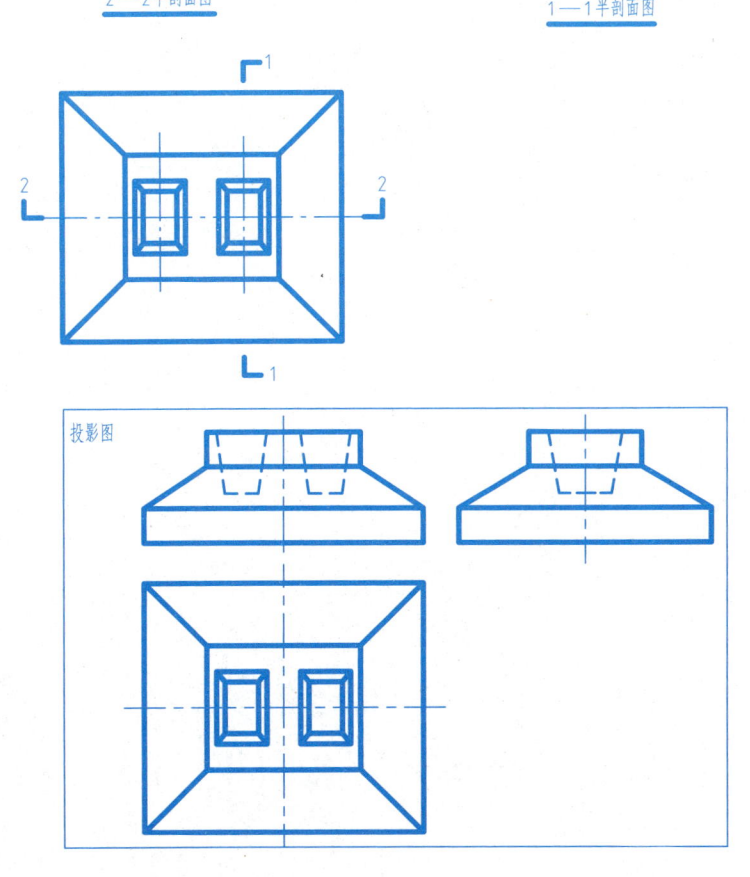

4. 根据投影在指定位置作出房屋 1—1、2—2 全剖面图。

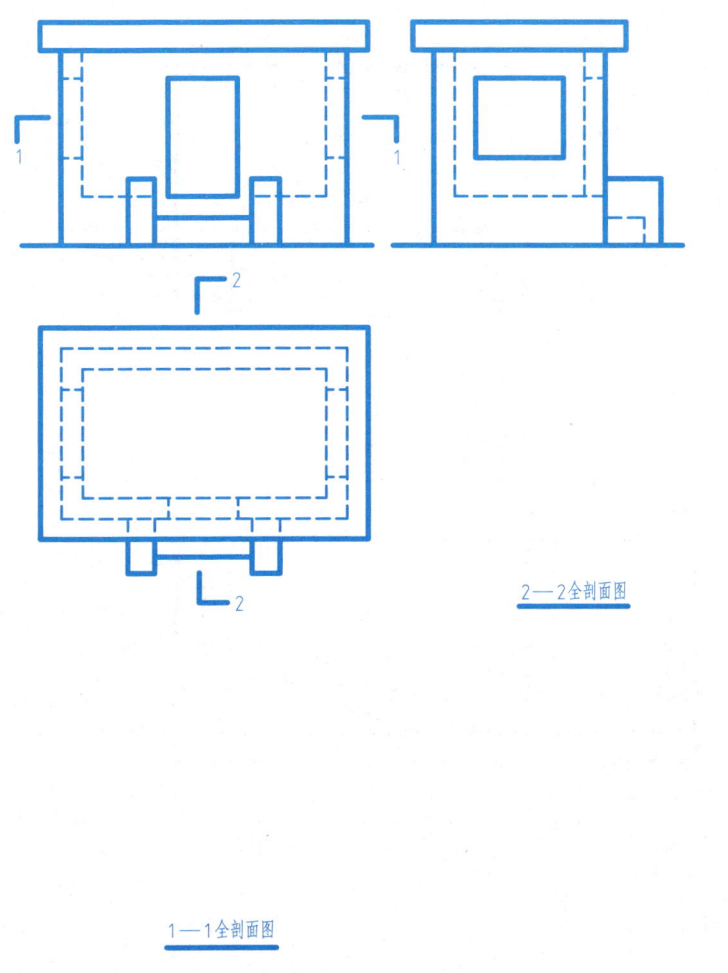

第 11 章　工程形体的常用表达方法　　　剖面图

5. 在指定位置将水槽正立面图改为 1—1 阶梯剖面图，补画 2—2 全剖面图。

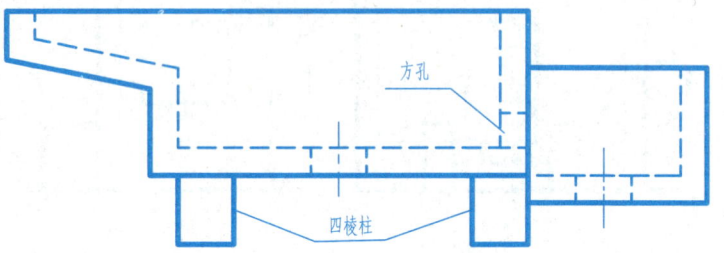

1—1阶梯剖面图

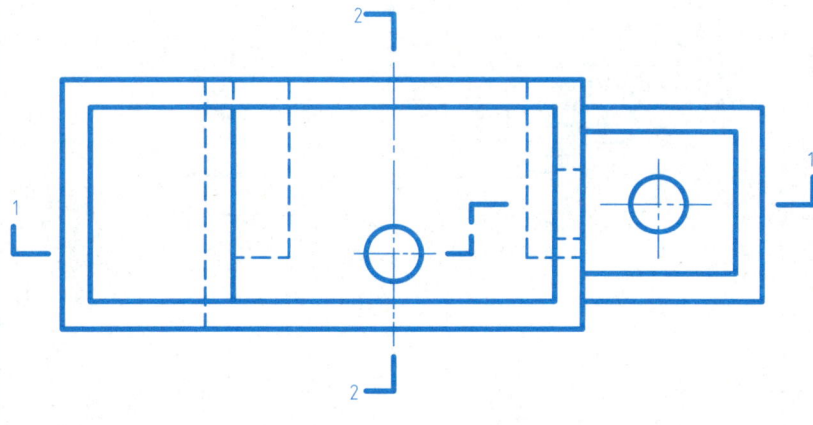

2—2全剖面图

第 11 章 工程形体的常用表达方法 剖面图

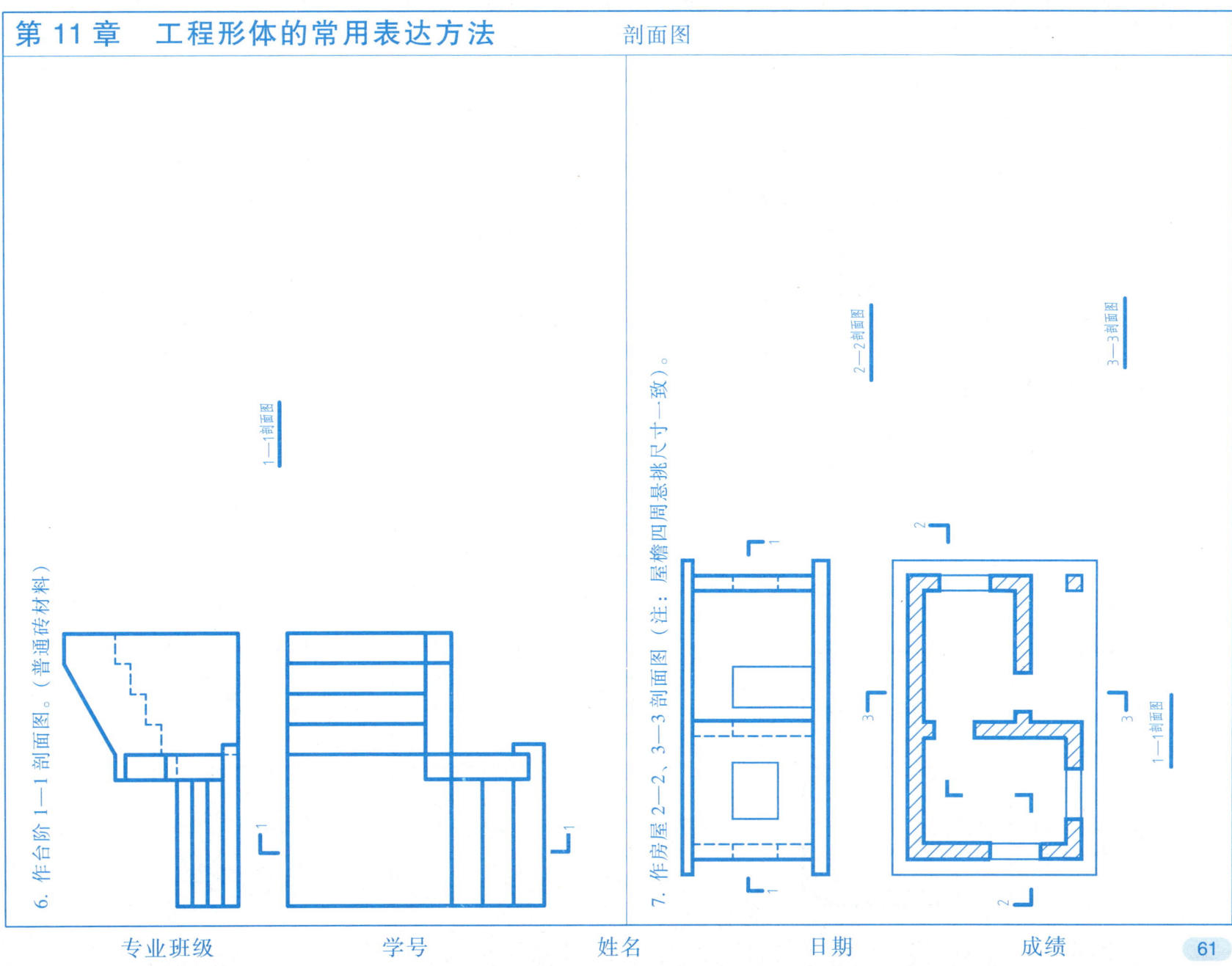

第 11 章 工程形体的常用表达方法　　剖面图

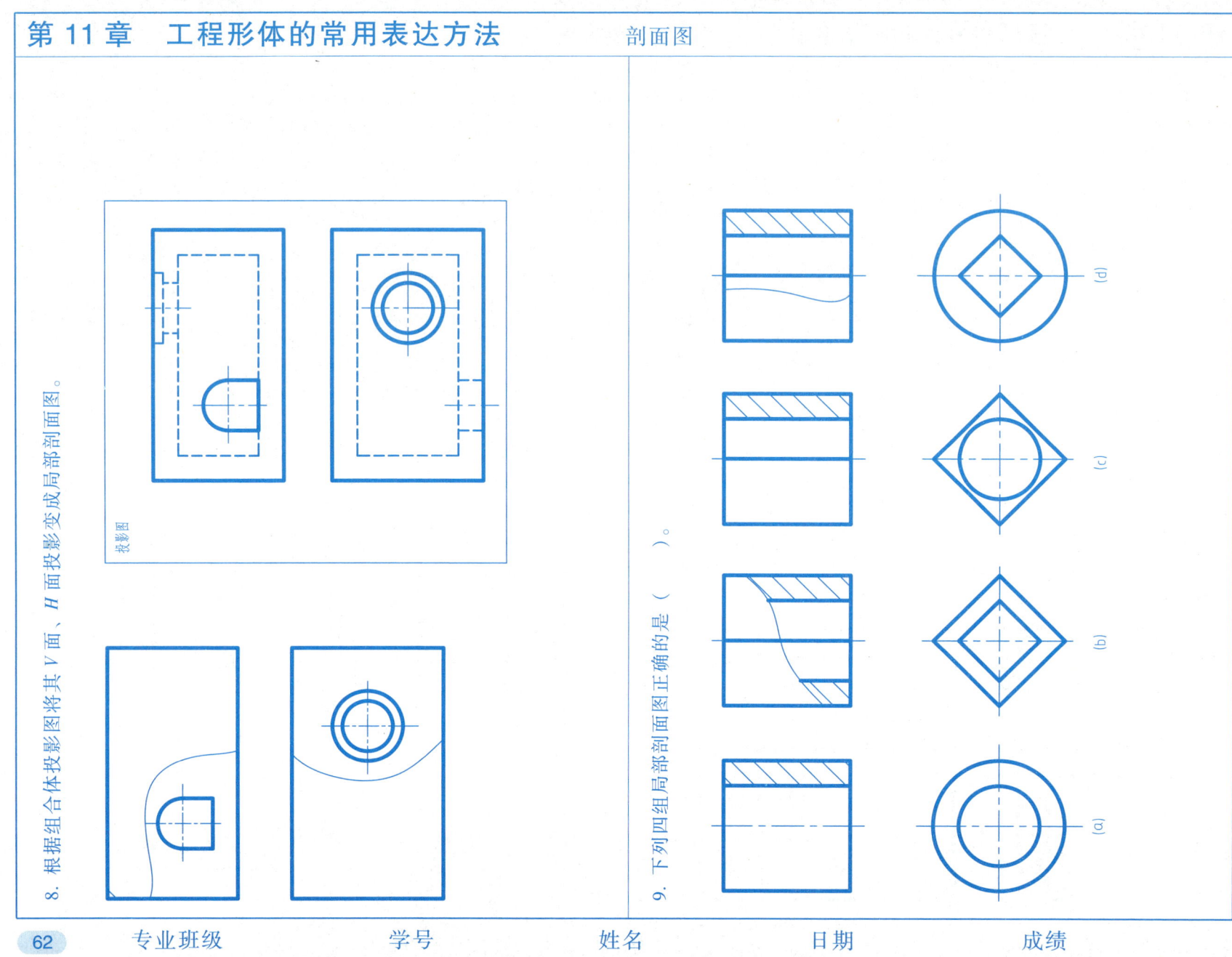

8. 根据组合体投影图将其 V 面、H 面投影变成局部剖面图。

9. 下列四组局部剖面图正确的是（　　）。

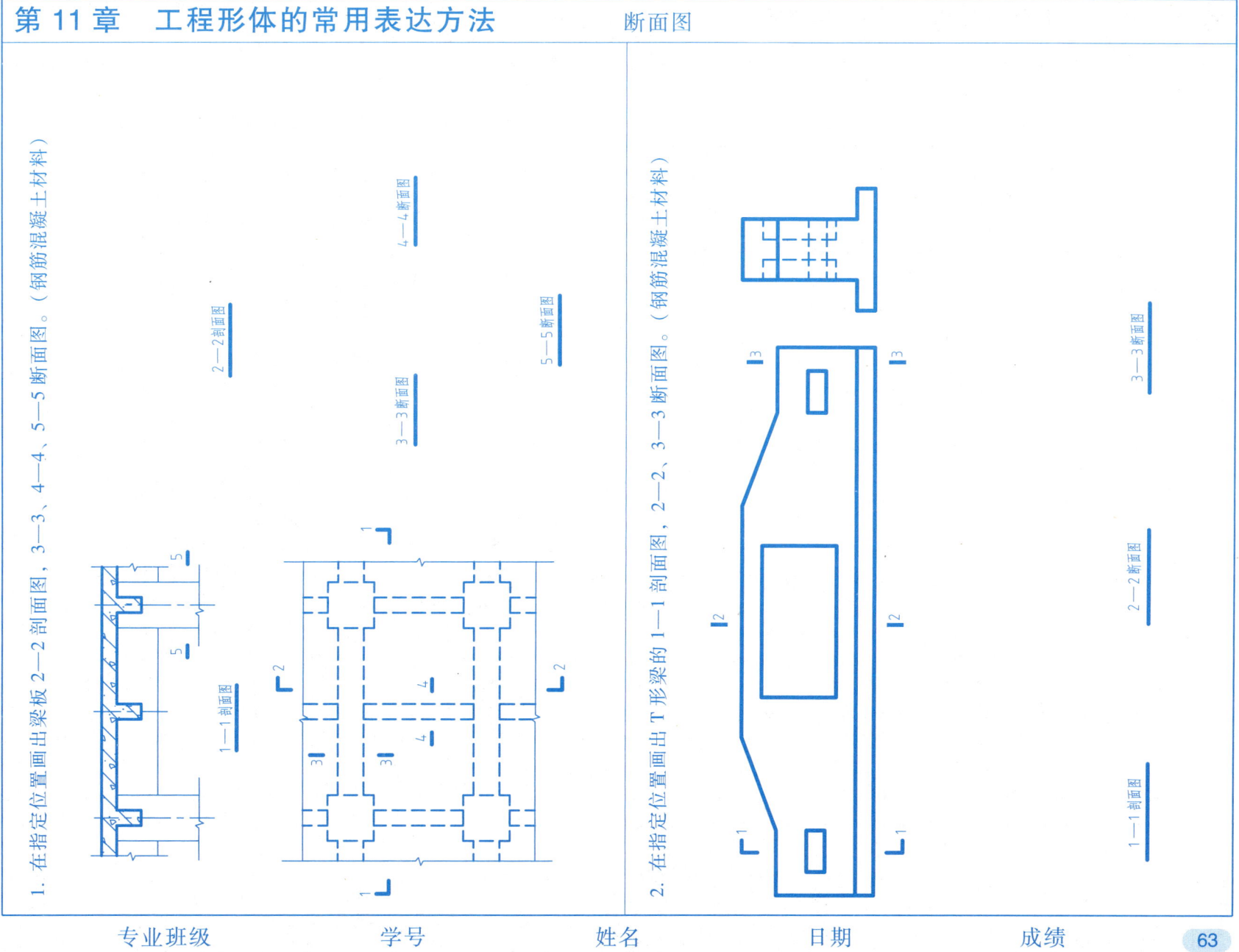

第 11 章　工程形体的常用表达方法　　断面图

3. 在指定位置作檩条的 1—1 断面图、2—2 断面图。（钢筋混凝土材料）

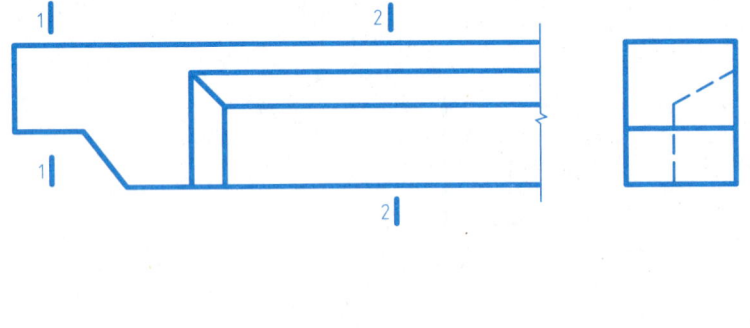

1—1 断面图　　　　2—2 断面图

4. 在指定位置画出窗洞 1—1 断面图、2—2 断面图。

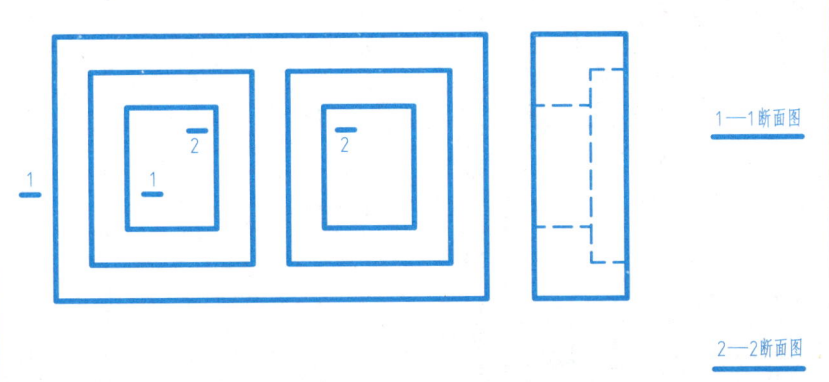

1—1 断面图

2—2 断面图

5. 根据墙壁立面起伏花纹的立体图，在立面图上画其重合断面图（注：宽度尺寸从立体图中直接量取）。

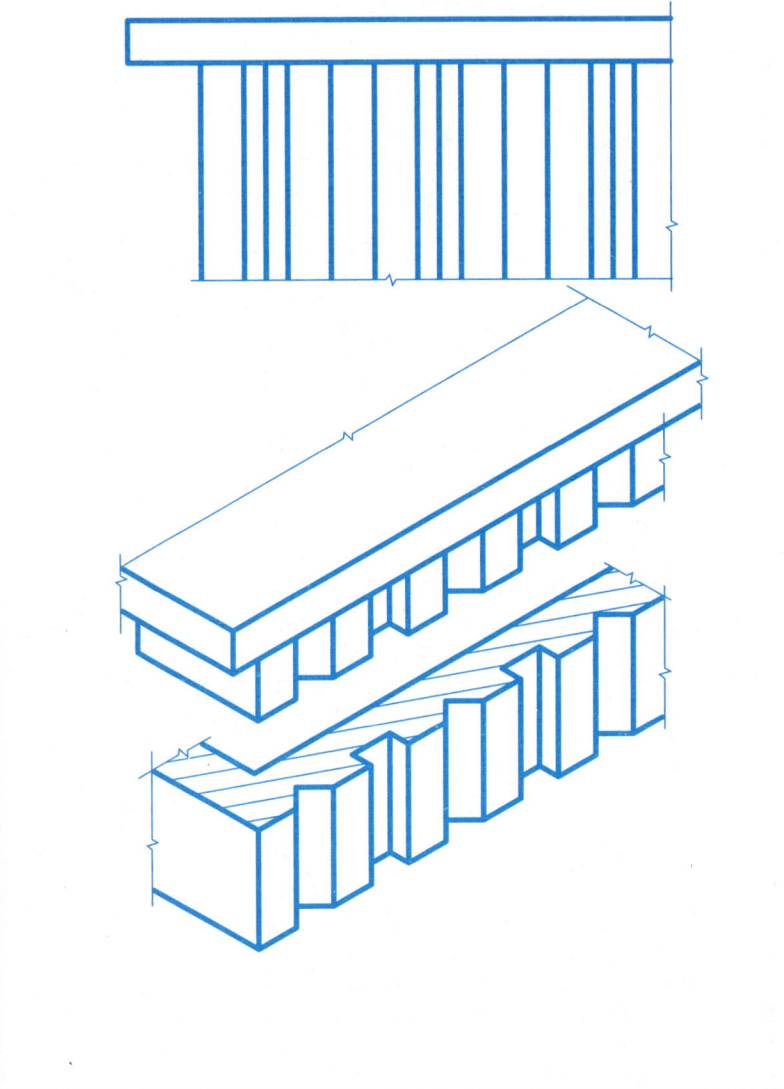

第 12 章 轴测图的画法   绘制正等测图

1. 用坐标法绘制正等测图。

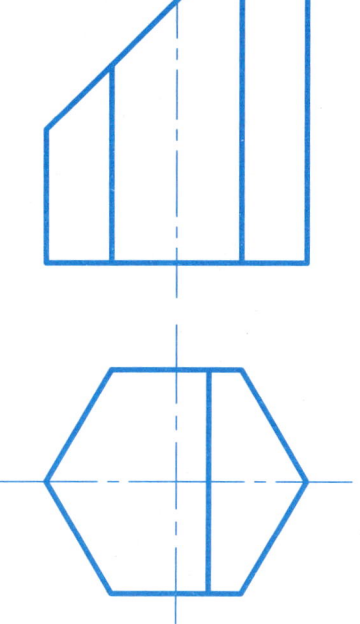

2. 用叠加法绘制基础正等测图。

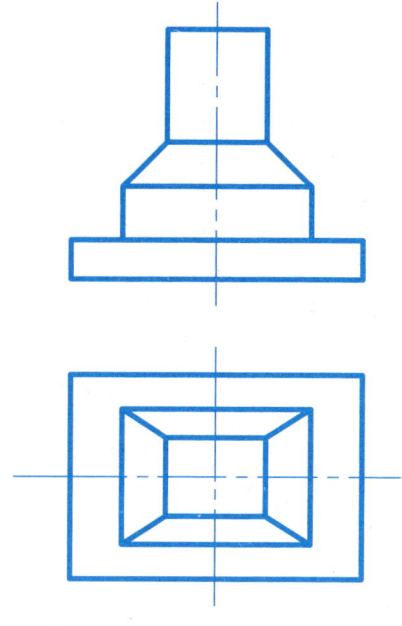

第 12 章 轴测图的画法 绘制正等测图

3. 用切割法绘制形体的正等测图。

4. 用端面法绘制台阶正等测图。

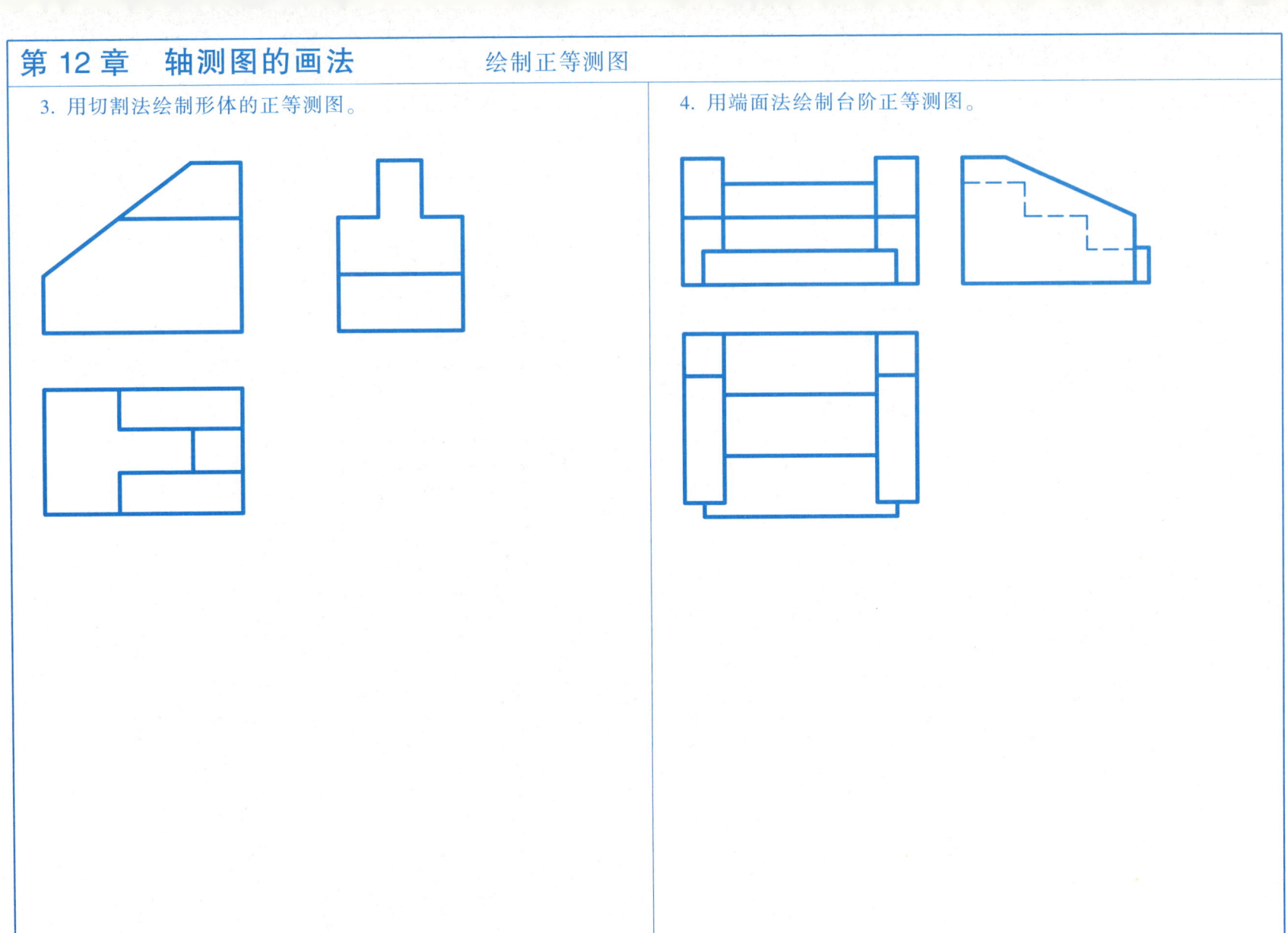

第 12 章 轴测图的画法 绘制正等测图

5. 用次投影法绘制梁板柱接头的仰视正等测图。

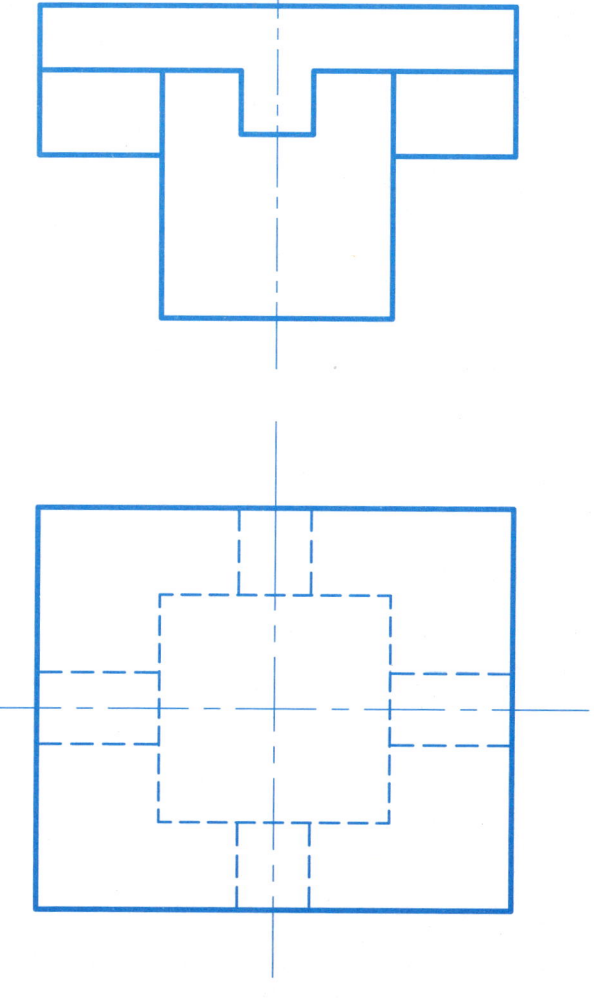

第 12 章 轴测图的画法　　绘制带圆及圆角形体的正等测图

1. 绘制组合体正等测图。

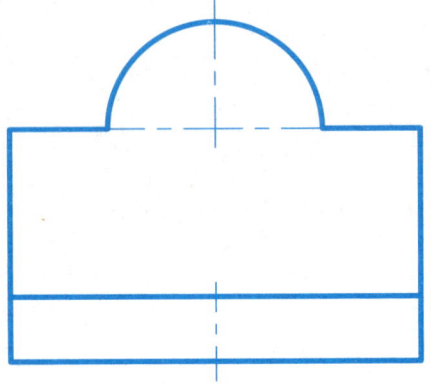

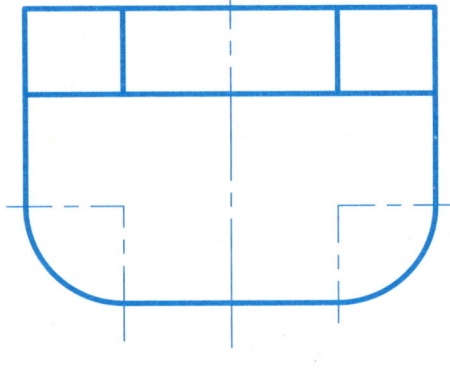

第 12 章　轴测图的画法　　绘制正面斜二测图

1. 绘制涵洞正面斜二测图。

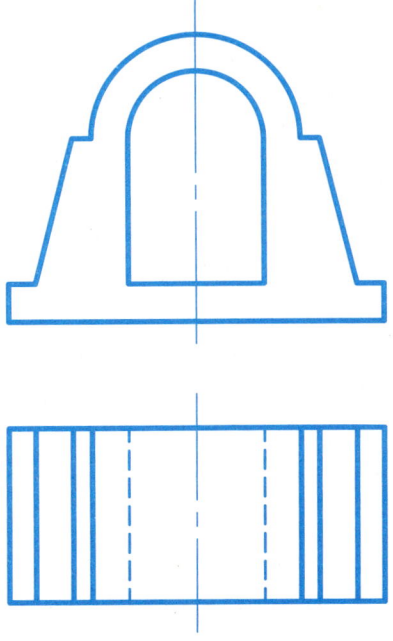

2. 绘制墙体正面斜二测图。

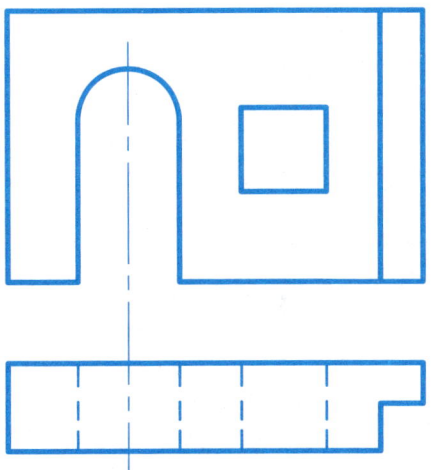

专业班级　　　　学号　　　　姓名　　　　日期　　　　成绩

第 12 章 轴测图的画法　　绘制水平斜等测图

1. 绘制房屋的水平斜等测图。

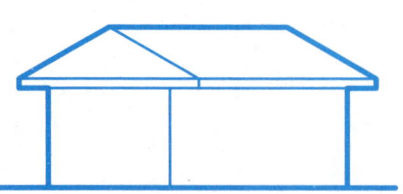

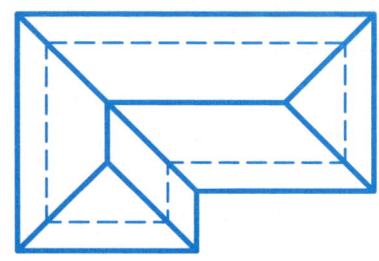

2. 绘制带断面的房屋水平斜轴测图。

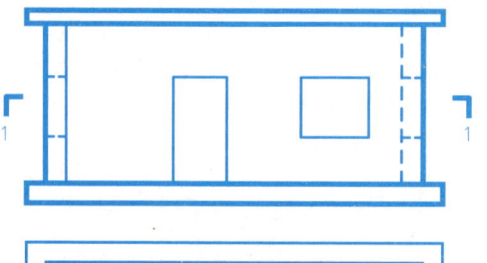

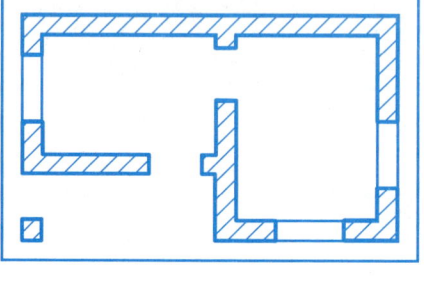

1—1 剖面图

第 13 章　标高投影 标高投影基本概念

1. 过 A、B 两点作直线，并求其实长、倾角、坡度、平距及整数标高点。

2. 求作平面 ABC 的坡度比例尺 P_i，并作出该平面对 H 面的倾角 α。

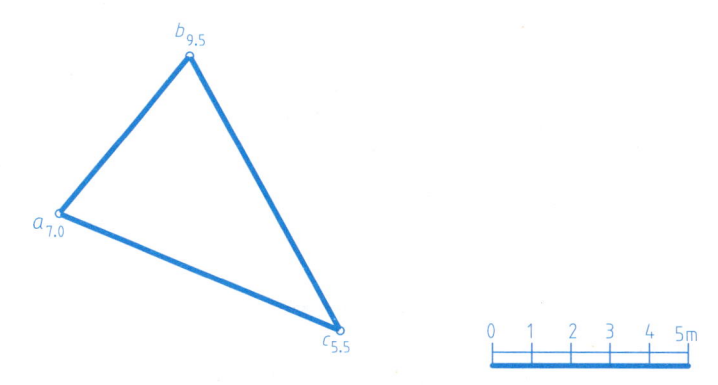

3. 已知平面上一倾斜线 AB 的标高投影和平面的坡度，求平面上的等高线和坡度比例尺。

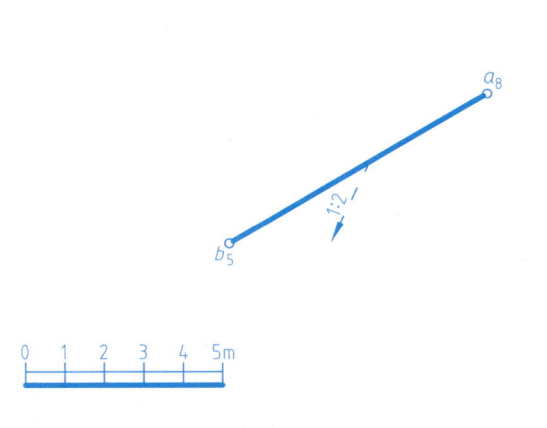

4. 已知两平面的标高投影，求其交线。

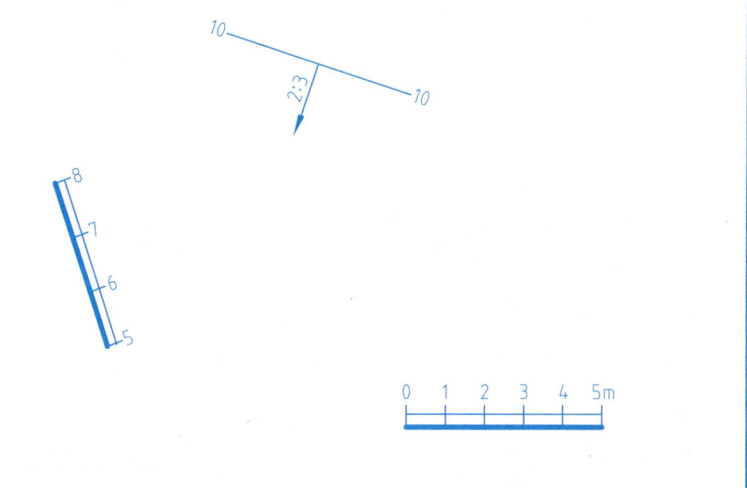

第 13 章 标高投影　　平面的标高投影

1. 在高程为 4.00m 的地面上，修筑一高程为 7.000m 的平台，各坡面坡度如图中所示，求坡面交线及坡脚线。

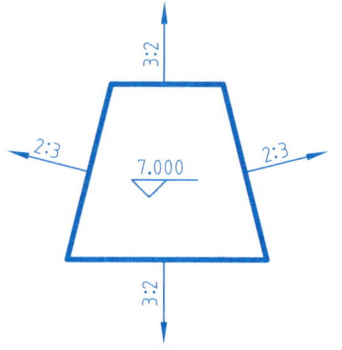

2. 求下图所示水平场地和斜坡引道两侧的坡脚线及其坡面间的交线。

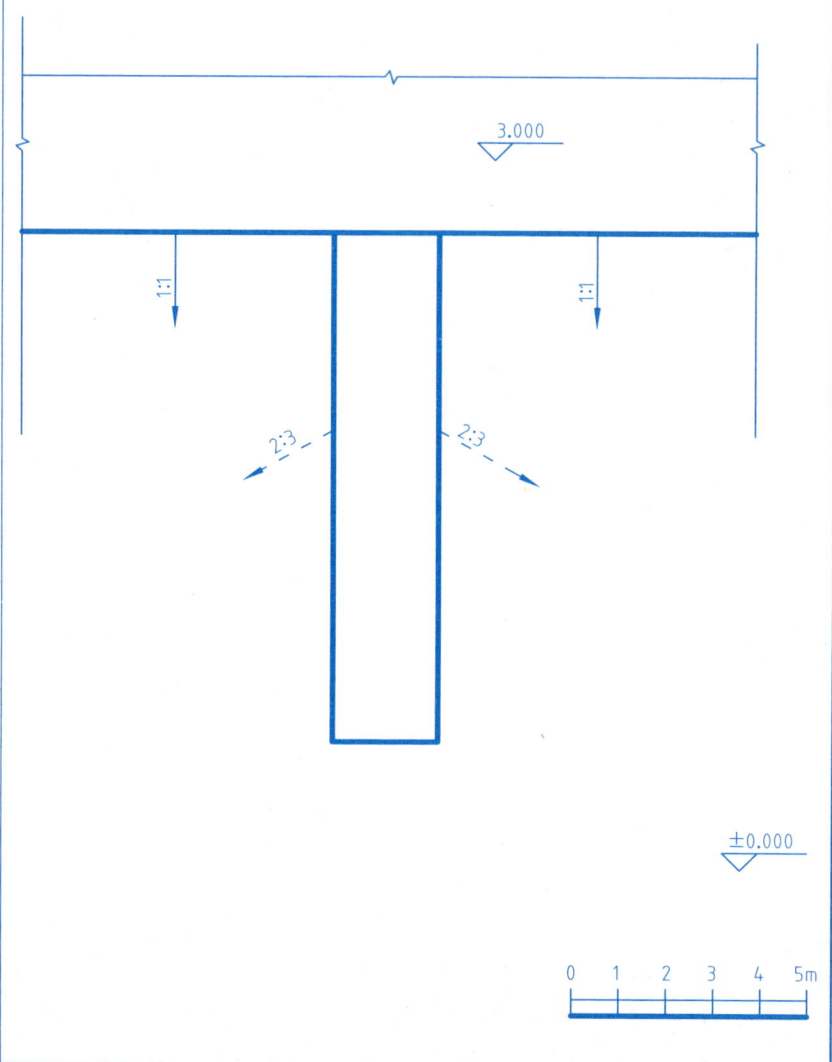

第 13 章　标高投影　　平面的标高投影

3. 在平台和地面间修建一斜坡引道，已知平台和地面的高程，平台各坡面的坡度均为 1∶2.5，引道坡度为 1∶8，引道两侧坡面的坡度为 1∶3，求坡面交线及坡脚线。

4. 在高程为 3m 的平地上修筑大小二堤，堤顶高程及边坡坡度如图所示，求坡面交线及坡脚线。

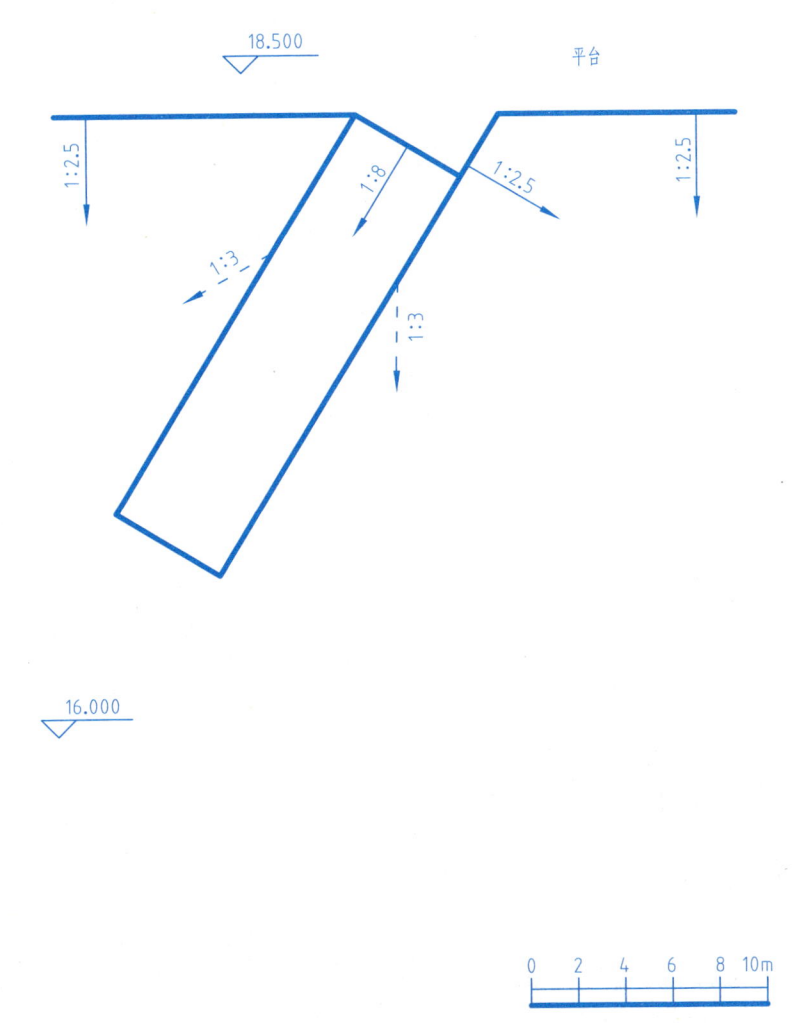

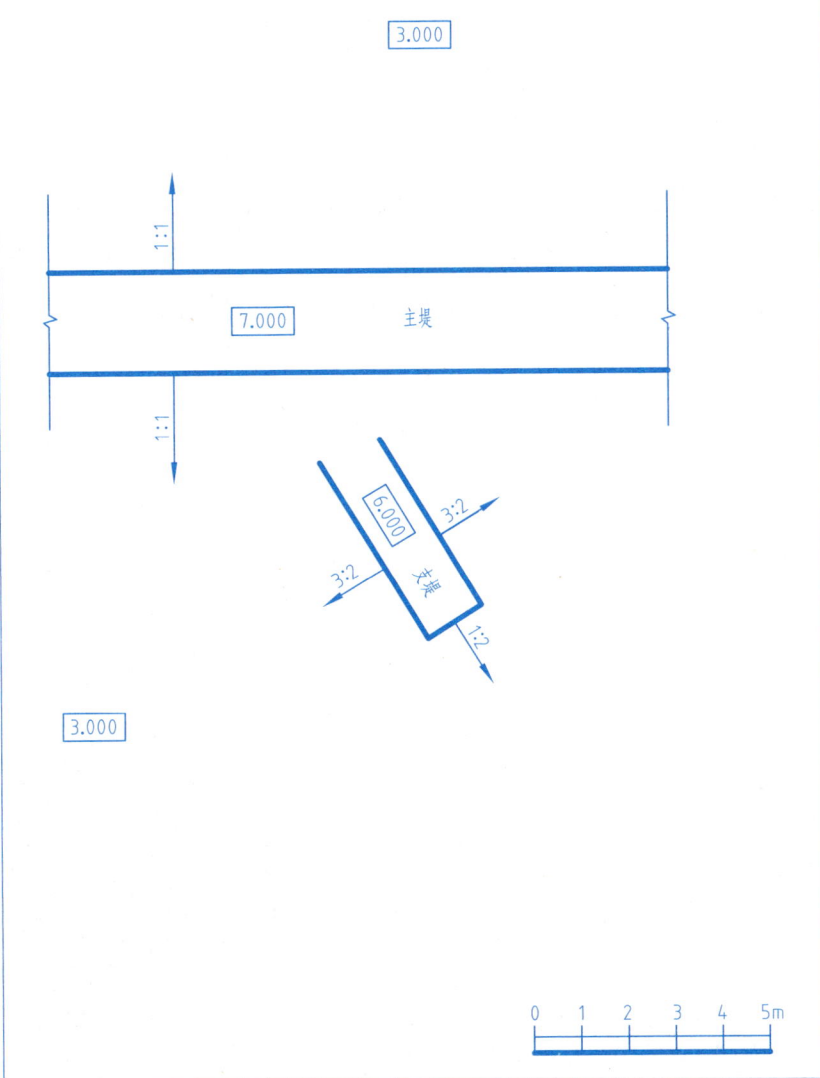

专业班级　　学号　　姓名　　日期　　成绩

第 13 章 标高投影　　曲面的标高投影

1. 有一丁字坝，两侧筑有圆锥形护坡，求作坡面交线与坡脚线。

2. 一圆弧引道将地面与堤顶相连，圆弧引道两侧边坡坡度为 1∶2，堤坡为 1∶1.5。求作坡面交线与坡脚线。

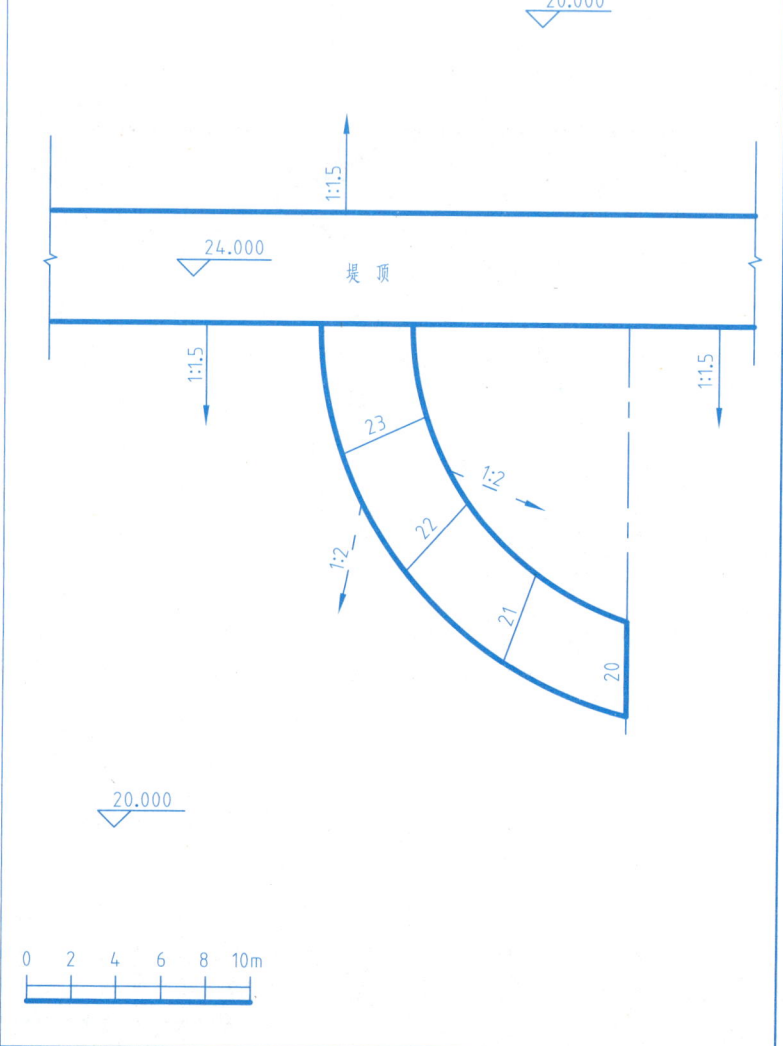

第13章 标高投影 工程形体与地形面的交点、交线问题

1. 在地面上铺设一管道 AB，用实线和虚线表示管道露出地面和埋入地下的各段。

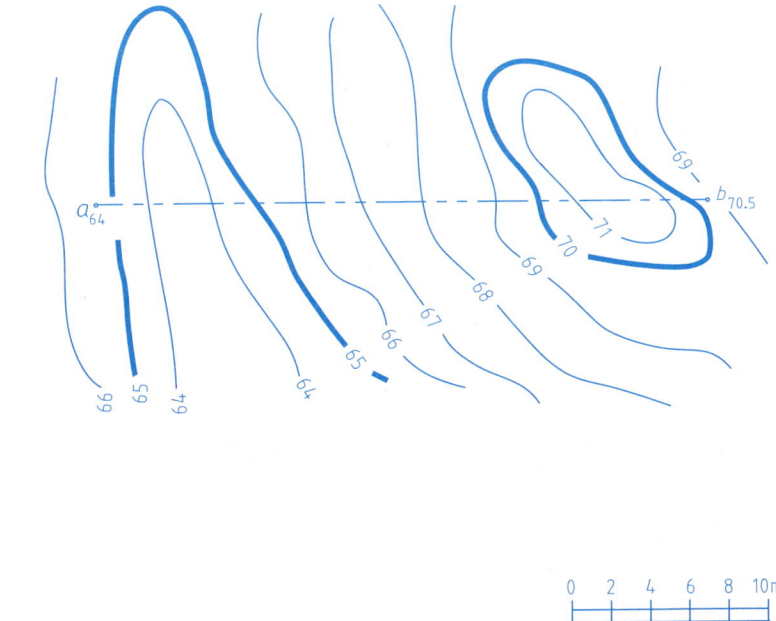

2. 在一河床上修筑一土坝，已知土坝轴线的位置和土坝设计断面，求作土坝的标高投影。

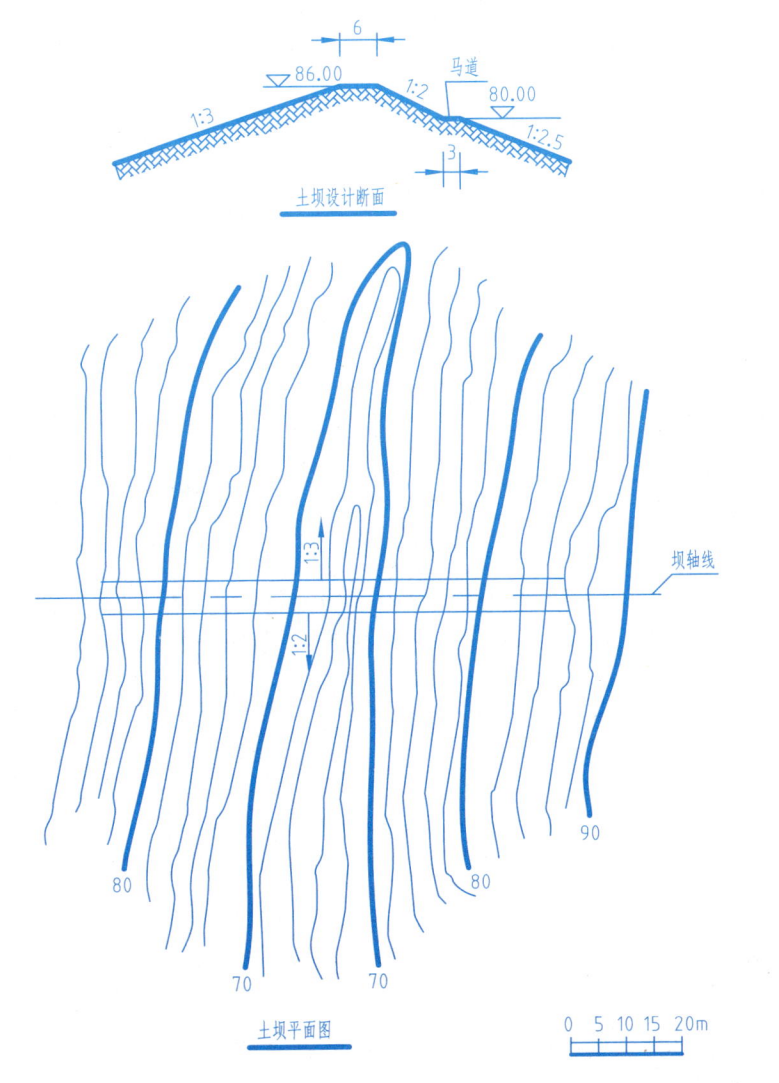

第 13 章 标高投影
工程形体与地形面的交点、交线问题

3. 在所给地形面上设计一高程为 138.00m 的广场，形状如下图所示。填方边坡坡度为 1:1.5，挖方边坡坡度为 1:1，求坡脚线、开挖线及边坡交线。

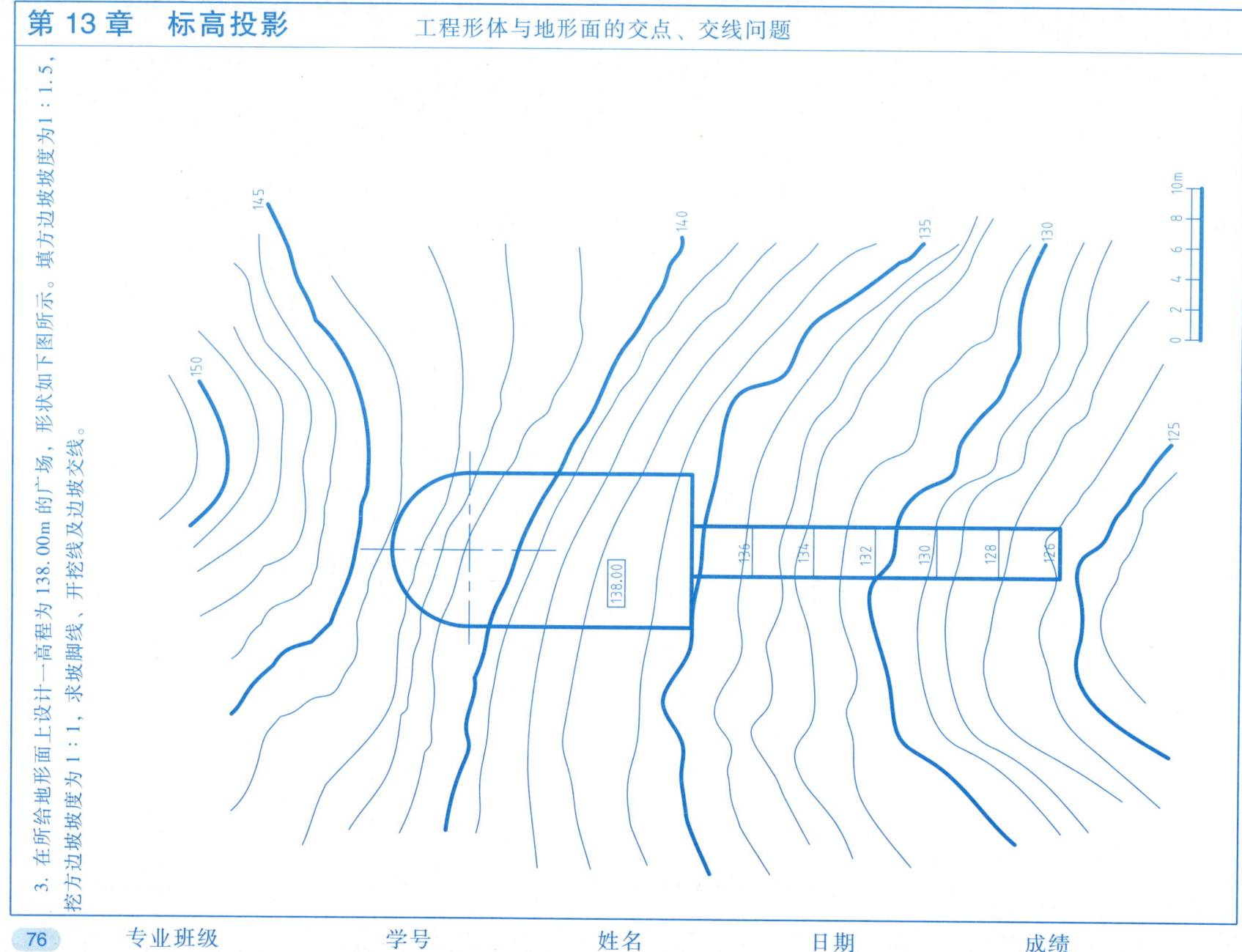

第14章 房屋建筑施工图　　建筑平面图

1. 分析如下建筑平面图在制图中的一些常见错误，回答图中的错误有几处，在错误处打×并说明。

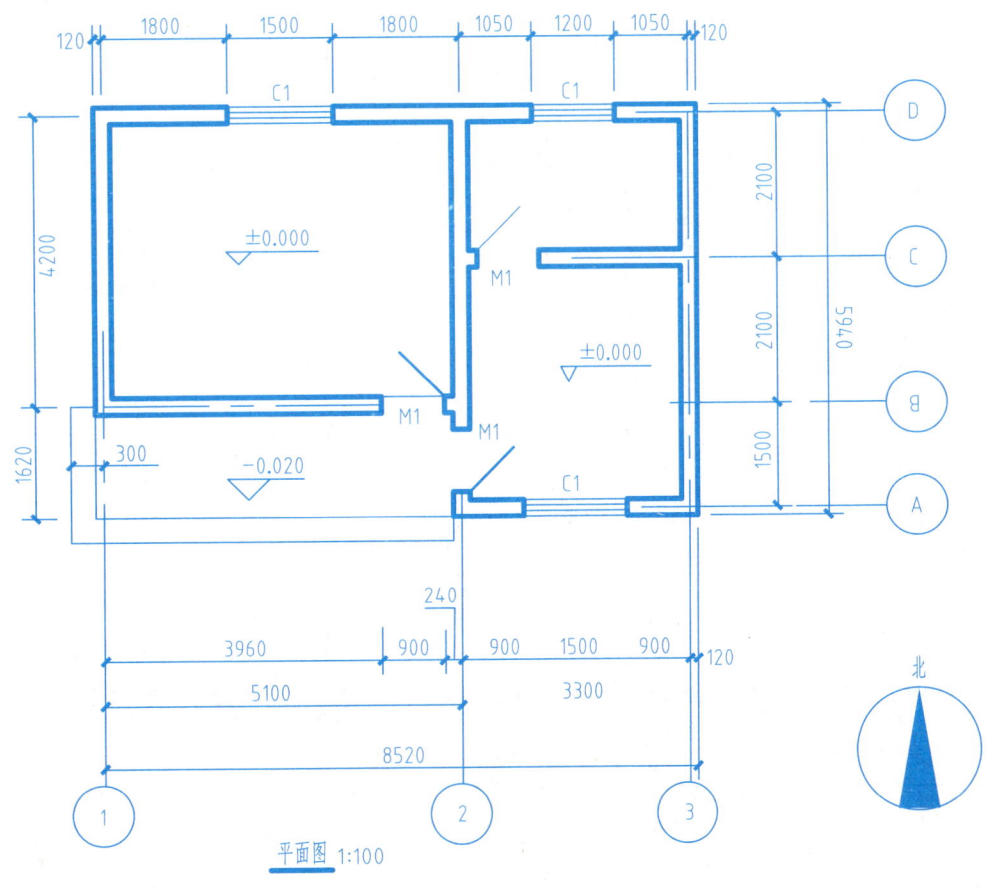

第14章 房屋建筑施工图   建筑平面图

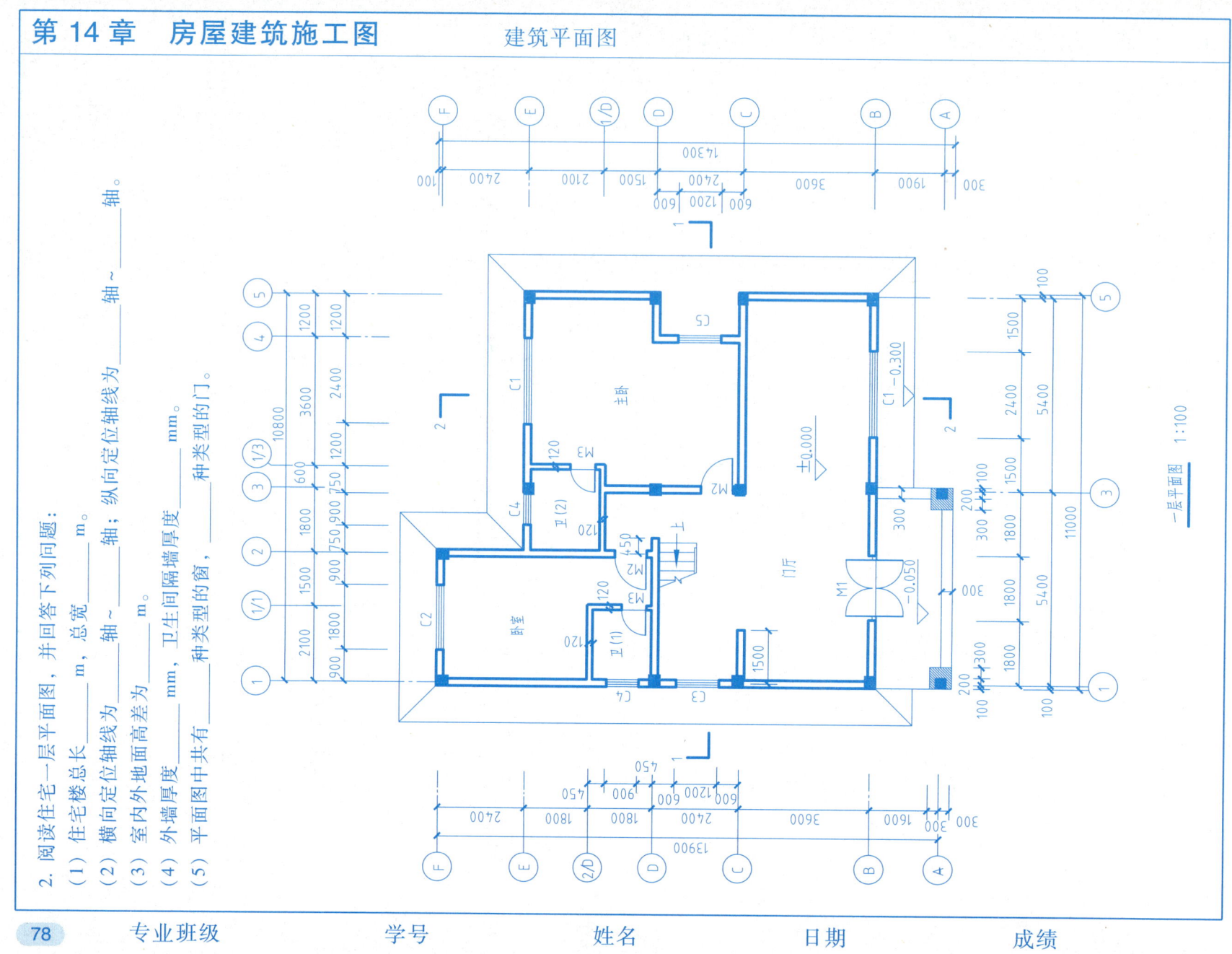

2. 阅读住宅一层平面图,并回答下列问题:
 (1) 住宅楼总长_____m, 总宽_____m。
 (2) 横向定位轴线为_____轴~_____轴;纵向定位轴线为_____轴~_____轴。
 (3) 室内外地面高差为_____mm。
 (4) 外墙厚度_____mm,卫生间隔墙厚度_____mm。
 (5) 平面图中共有_____种类型的窗,_____种类型的门。

第14章 房屋建筑施工图　建筑平面图

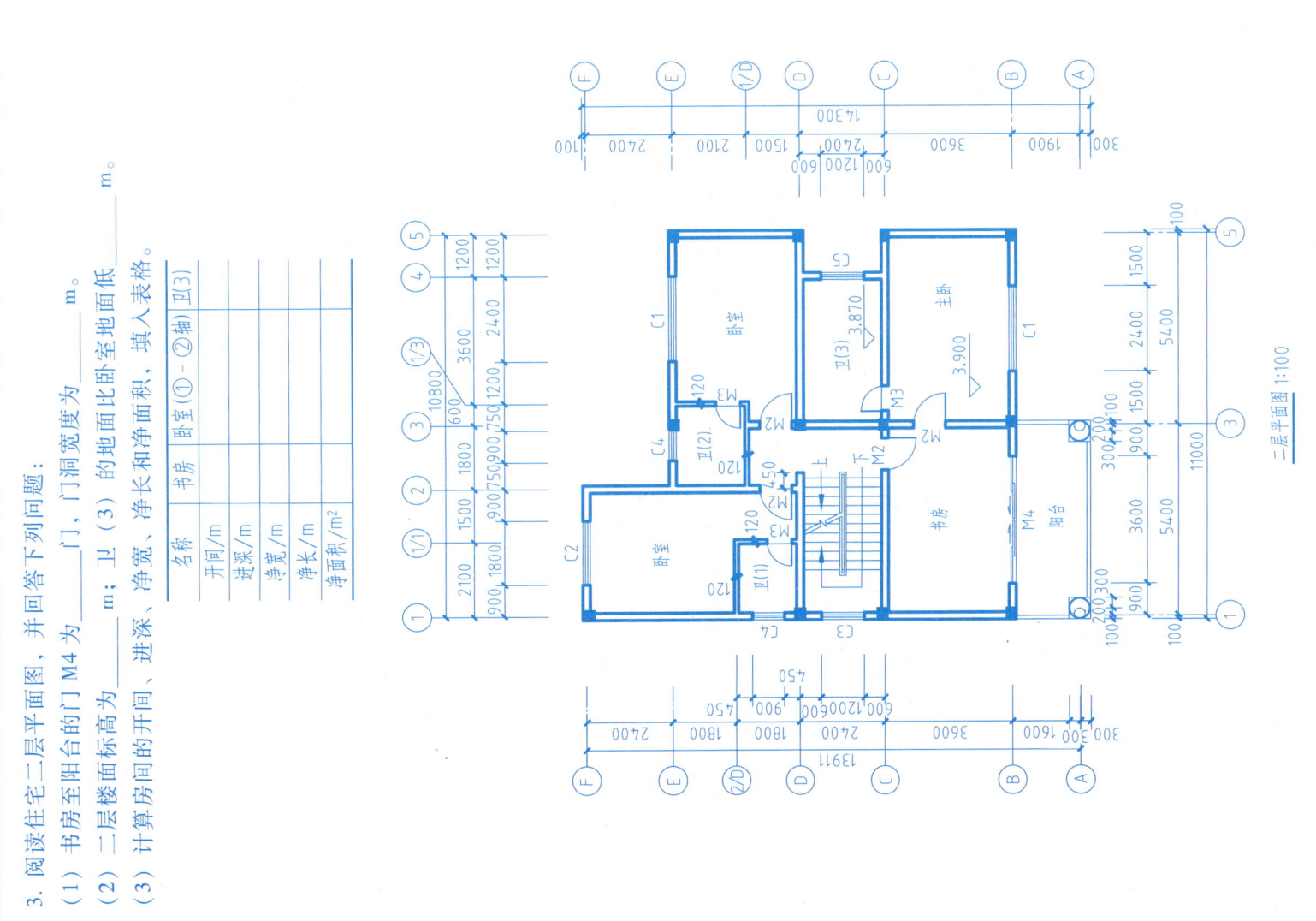

3. 阅读住宅二层平面图，并回答下列问题：
 (1) 书房至阳台的门 M4 为_____，门，门洞宽度为_____m。
 (2) 二层楼面标高为_____m；卫(3) 的地面比卧室地面低_____m。
 (3) 计算房间的开间、进深、净宽、净长和净面积，填入表格。

名称	书房	卧室（①-②轴）	卫(3)
开间/m			
进深/m			
净宽/m			
净长/m			
净面积/m²			

第 14 章 房屋建筑施工图 建筑平面图

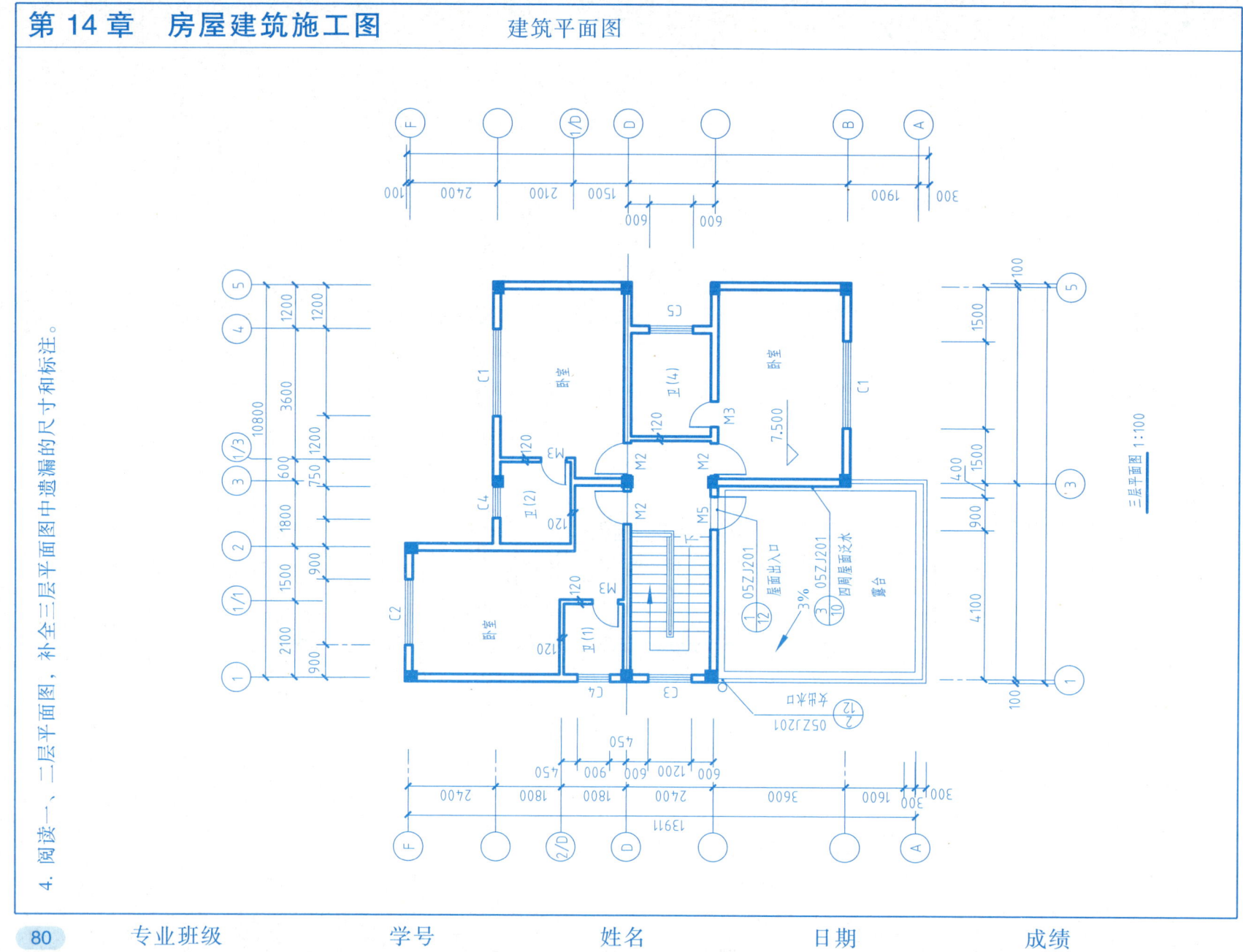

4. 阅读一、二层平面图，补全三层平面图中遗漏的尺寸和标注。

第14章 房屋建筑施工图　建筑平面图

5. 阅读住宅屋面平面图，并回答下列问题：
   (1) 屋面天沟的排水坡度是_____。
   (2) 落水口索引符号 "05ZJ201 ②/12" 代表_____。

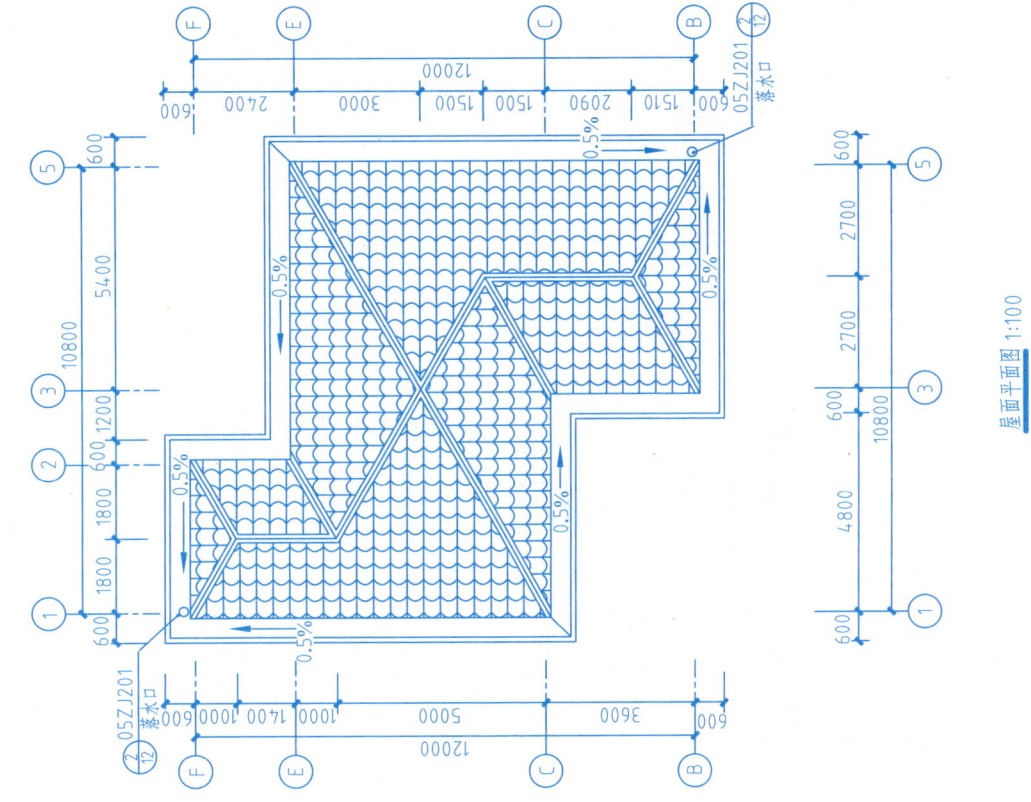

屋面平面图 1:100

第 14 章　房屋建筑施工图　　建筑立面图

1. 阅读住宅建筑①~⑤立面图，用适当图幅 1：100 的比例抄绘①~⑤立面图。

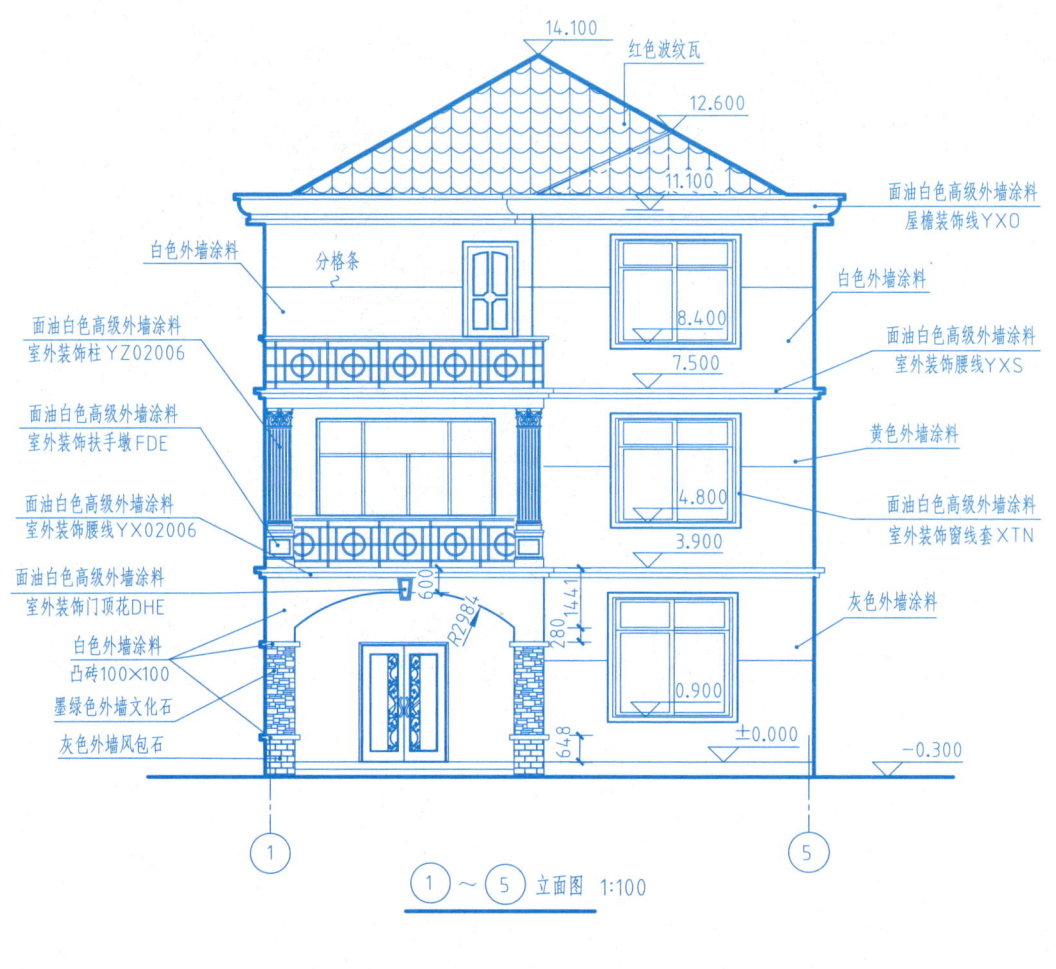

①~⑤ 立面图 1:100

第 14 章　房屋建筑施工图　　建筑立面图

2. 阅读住宅⑤~①立面图。

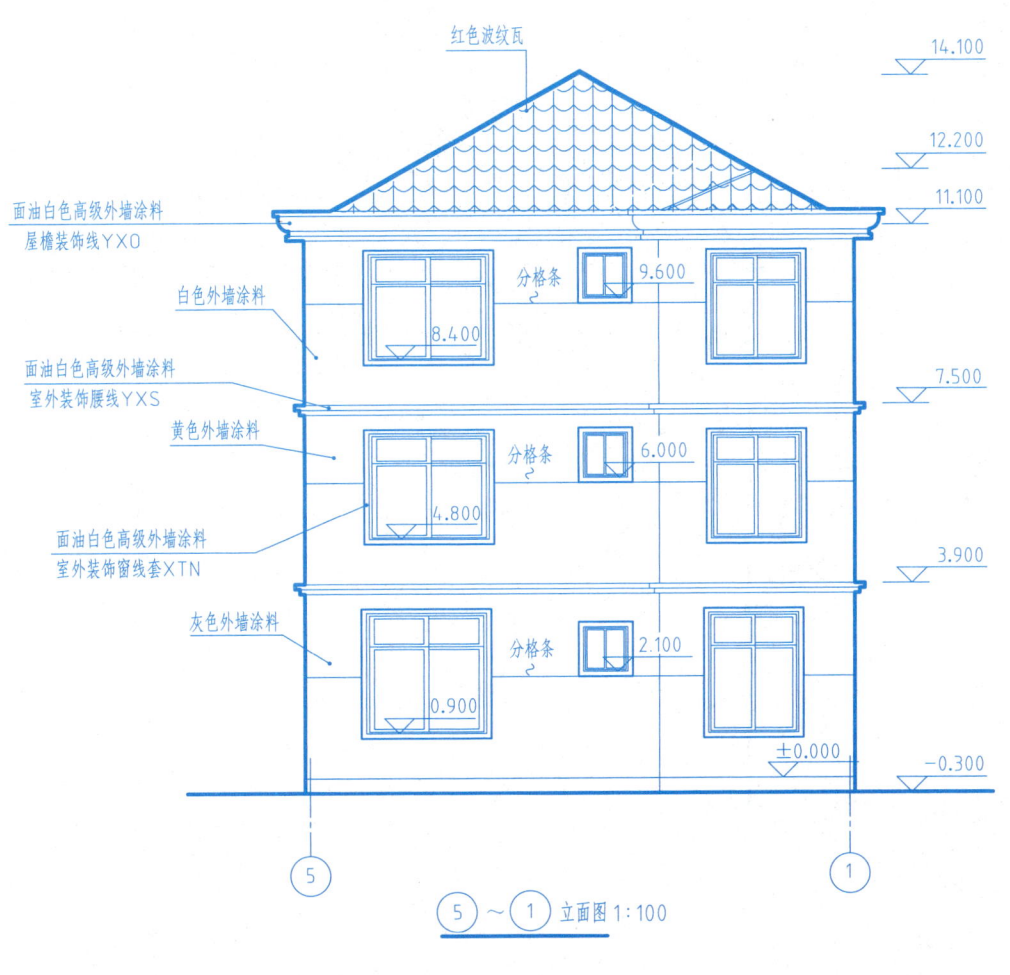

第 14 章　房屋建筑施工图　　建筑立面图

3. 阅读住宅建筑Ⓐ~Ⓕ立面图并回答下列问题：
 （1）住宅楼总高为_____ m。
 （2）室外地面标高是_____ m。

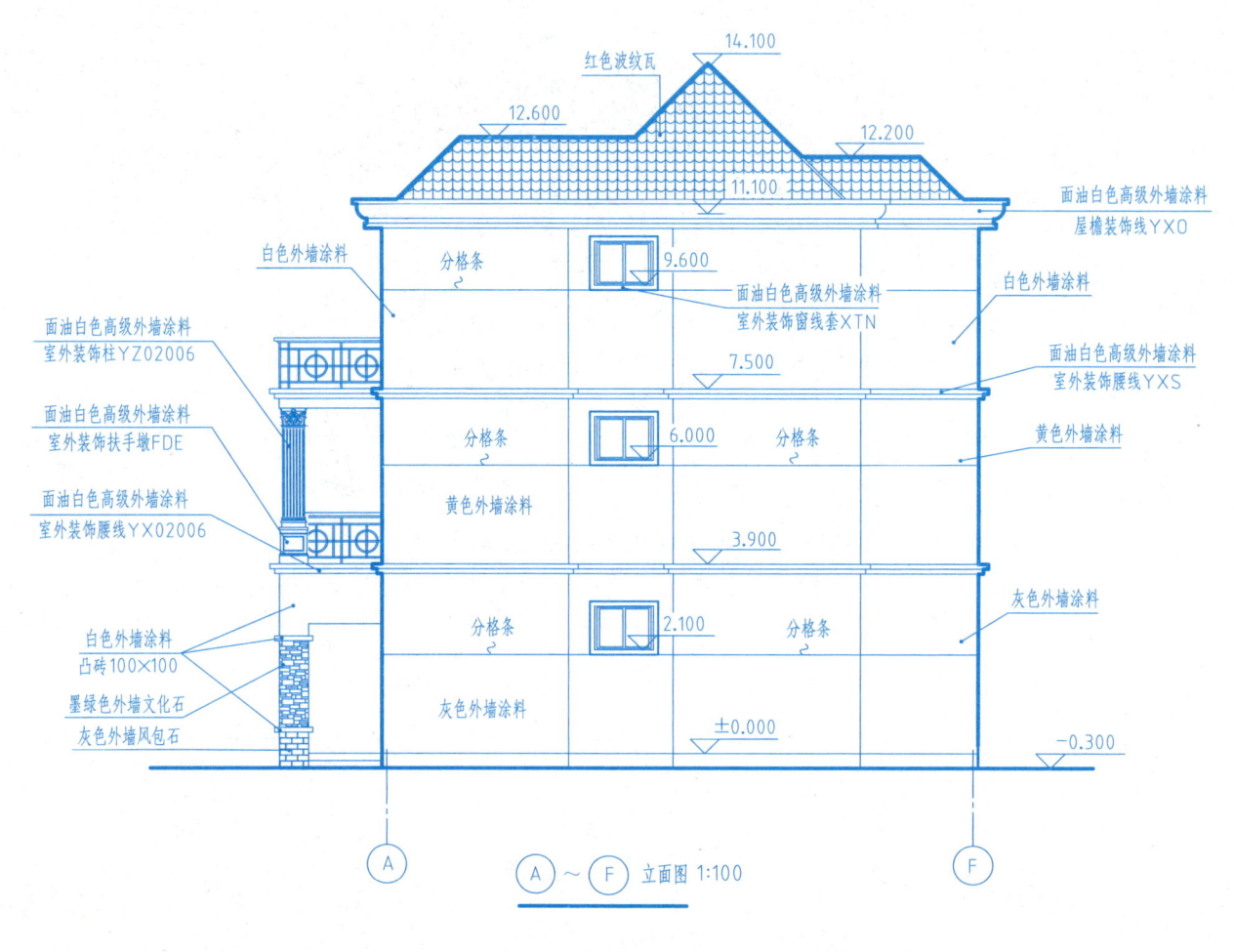

第 14 章 房屋建筑施工图　　建筑立面图

4. 阅读住宅建筑Ⓕ~Ⓐ立面图。

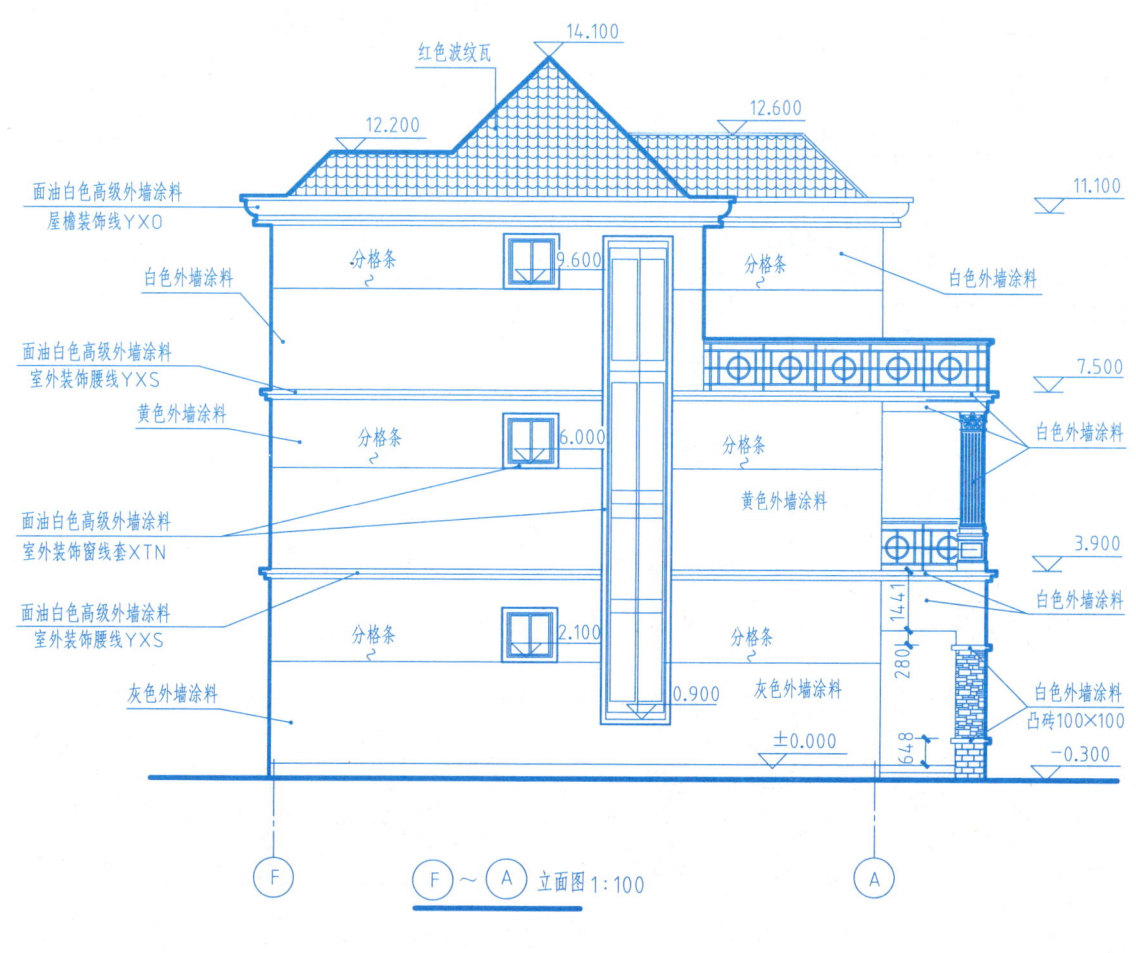

第14章 房屋建筑施工图　建筑剖面图

1. 对照住宅建筑一～三层平面图，请指出本页1—1剖面图的几处错误；并用适当图幅1∶100比例绘制2—2剖面图。

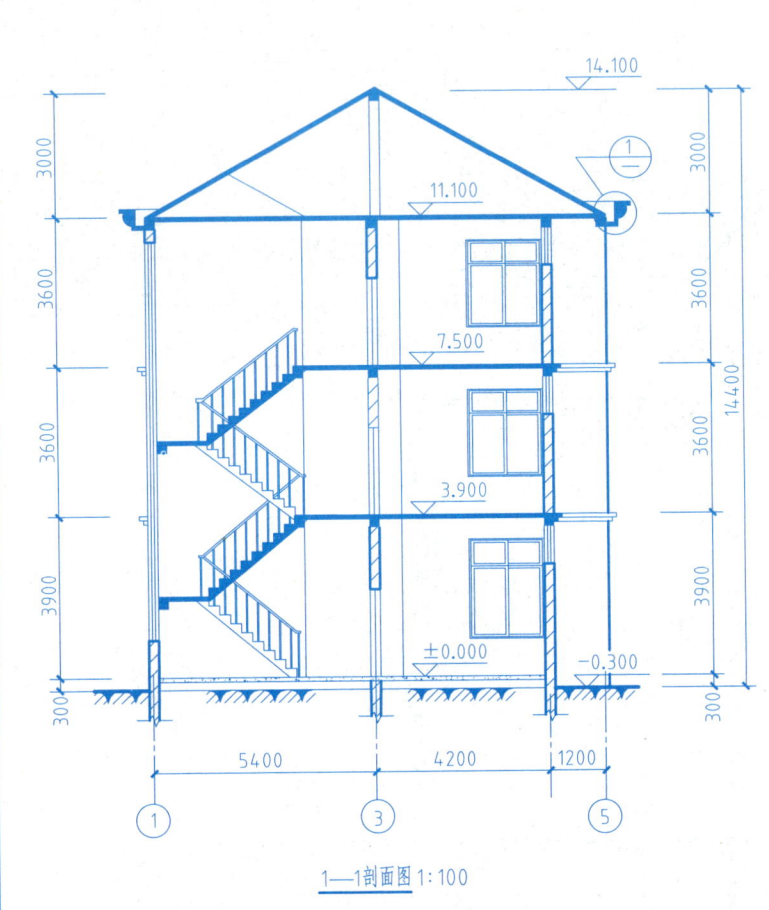

1—1剖面图 1∶100

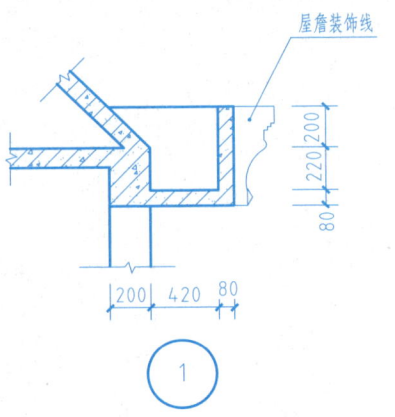

门窗表

编号	洞口尺寸 宽×高	图集名称	图集编号	数量	备注
M1	1800×2400	防盗门		1	甲方自定
M2	1000×2100	高级木门	GJM102（1-102）	9	甲方自定
M3	700×2100	钢塑门		8	甲方自定
M4	3600×3000	古铜色铝合金白玻门	见大样	1	甲方自定
M5	100×2100	防盗门		1	甲方自定
C1	2400×2100	铝合金窗	见大样	6	甲方自定
C2	1800×2100	铝合金窗	见大样	3	甲方自定
C3	1200×9800	铝合金窗	见大样	1	甲方自定
C4	900×900	铝合金窗	见大样	6	甲方自定
C5	1200×900	铝合金窗	见大样	3	甲方自定

第14章 房屋建筑施工图　建筑详图

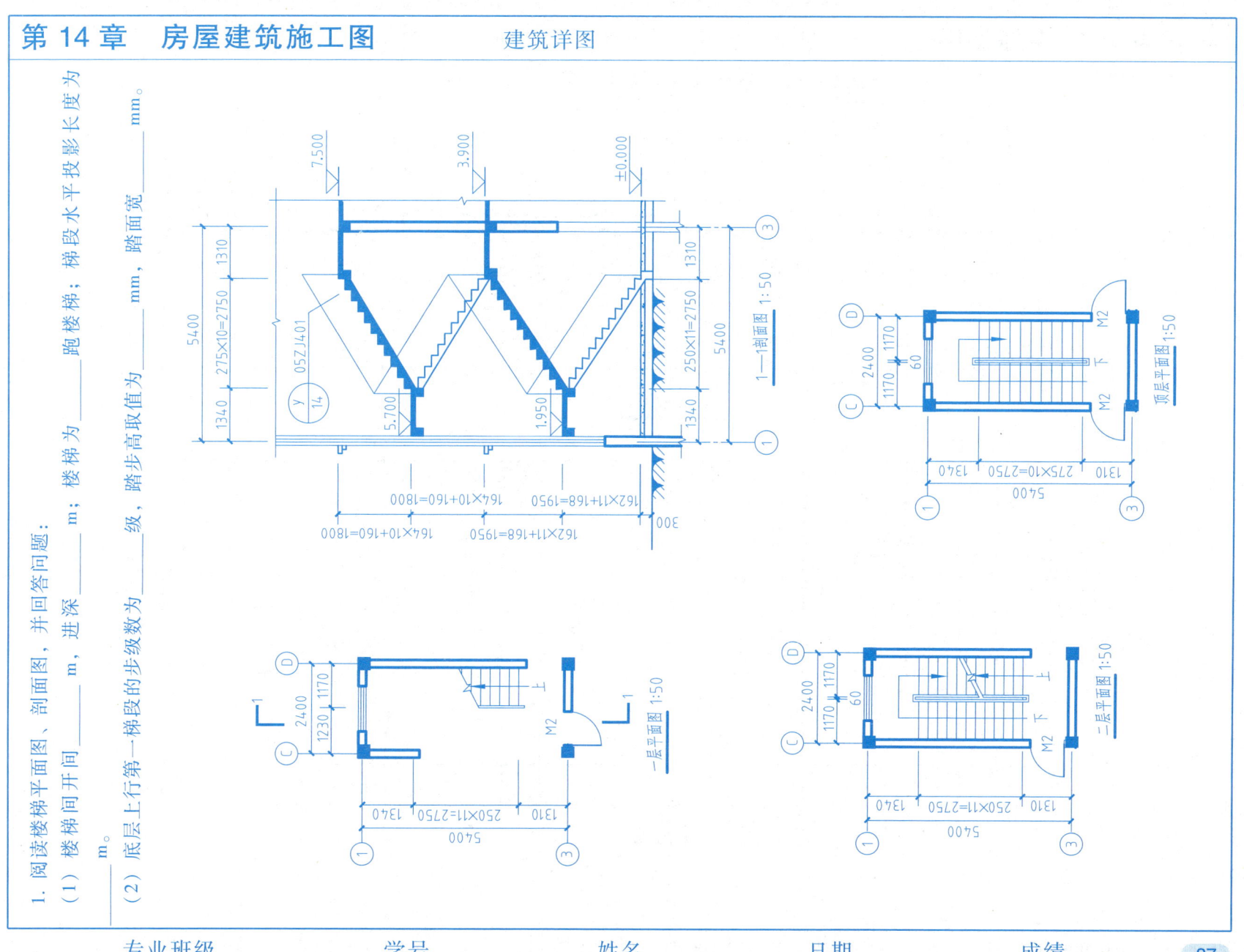

1. 阅读楼梯平面图、剖面图，并回答问题：
(1) 楼梯间开间＿＿＿m，进深＿＿＿m；楼梯为＿＿＿跑楼梯；梯段水平投影长度为＿＿＿mm，踏面宽＿＿＿mm。
(2) 底层上行第一梯段的步级数为＿＿＿级，踏步高取值为＿＿＿mm。

第15章 结构施工图　　板配筋图

1. 根据钢筋混凝土连续板（B1）的配筋断面图，补全该板的配筋平面图。

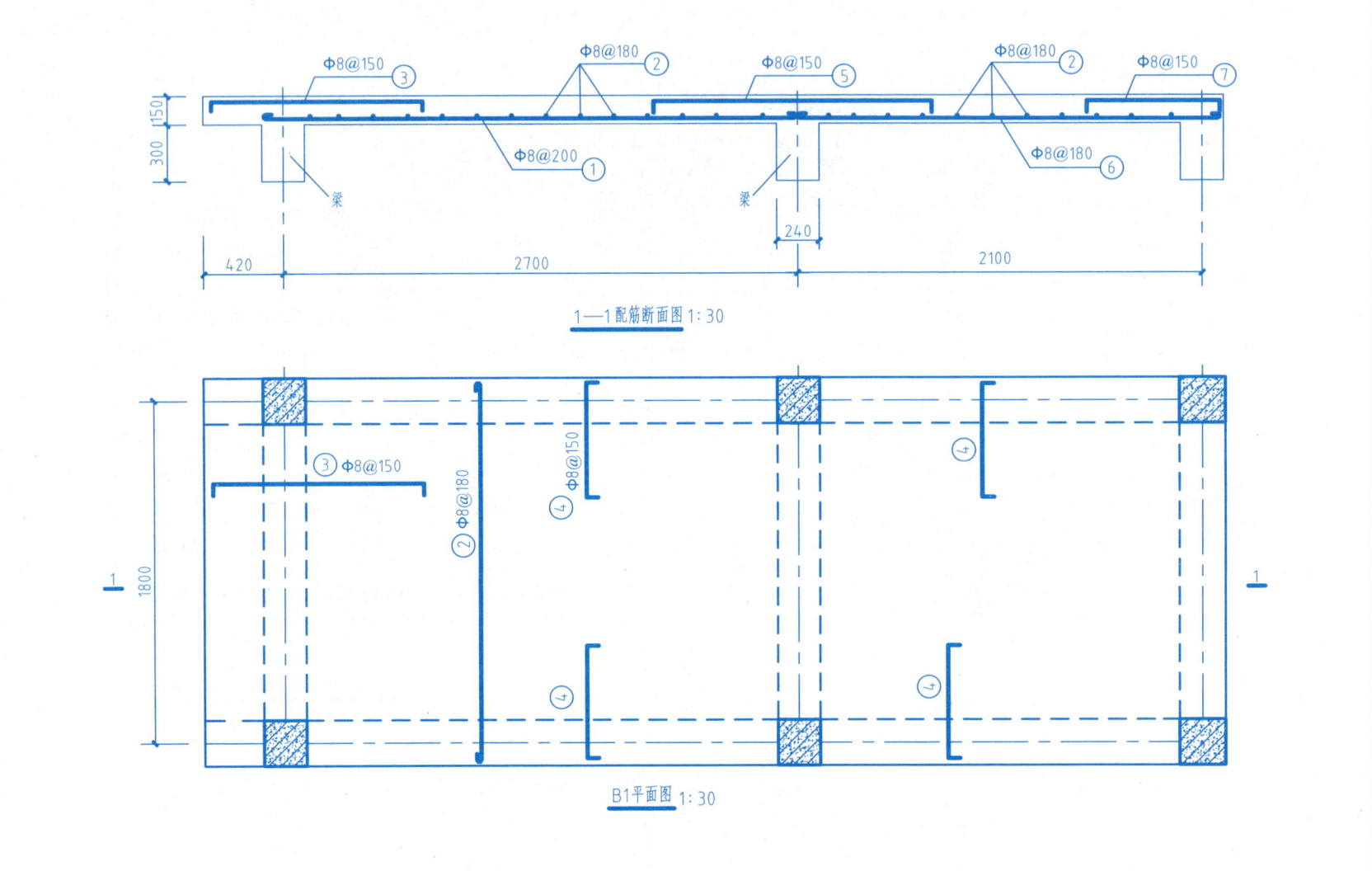

第15章 结构施工图 板配筋图

2. 阅读二层板配筋图,并回答下列问题:
   (1) 板 2B3、2B4、2B5、2B10、2B13 分别配置那些钢筋?
   (2) 分别对板 2B3、2B4、2B5、2B10、2B13 的钢筋用量进行计算。

第15章 结构施工图 — 梁平法施工图

1. 请写出如下所示平法施工图中 KL3 各项集中标注的含义，并在完成本书 91 页配筋立面图的基础上标注下列配筋断面图。（各项参数取值如下：梁混凝土强度 C40，框架抗震等级四级，受拉钢筋基本锚固长度 $l_{abE} = 29d$，抗震锚固长度 $l_{aE} = 29d$，梁混凝土最小保护层厚度 25mm。）

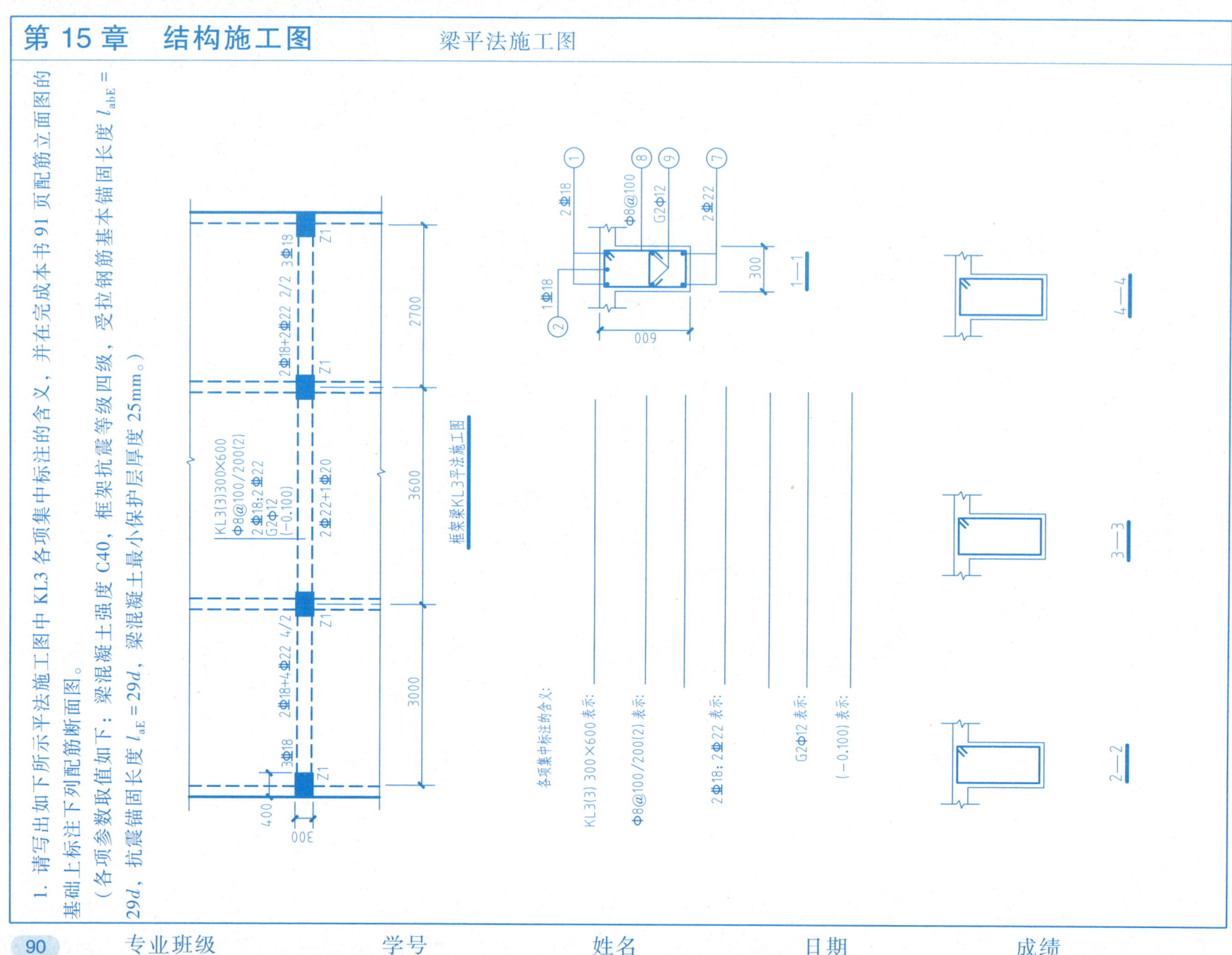

各项集中标注的含义：

KL3(3) 300×600 表示：

Φ8@100/200(2) 表示：

2Φ18；2Φ22 表示：

G2Φ12 表示：

(-0.100) 表示：

第15章 结构施工图   梁平法施工图

2. 根据本习题集90页框架梁KL3平法施工图，查阅22G101—1《混凝土结构施工图平面整体表示方法制图规则和构造详图》中框架梁纵向钢筋构造图和其他相关构造要求，完成该梁配筋立面图和钢筋抽离图的各项标注。

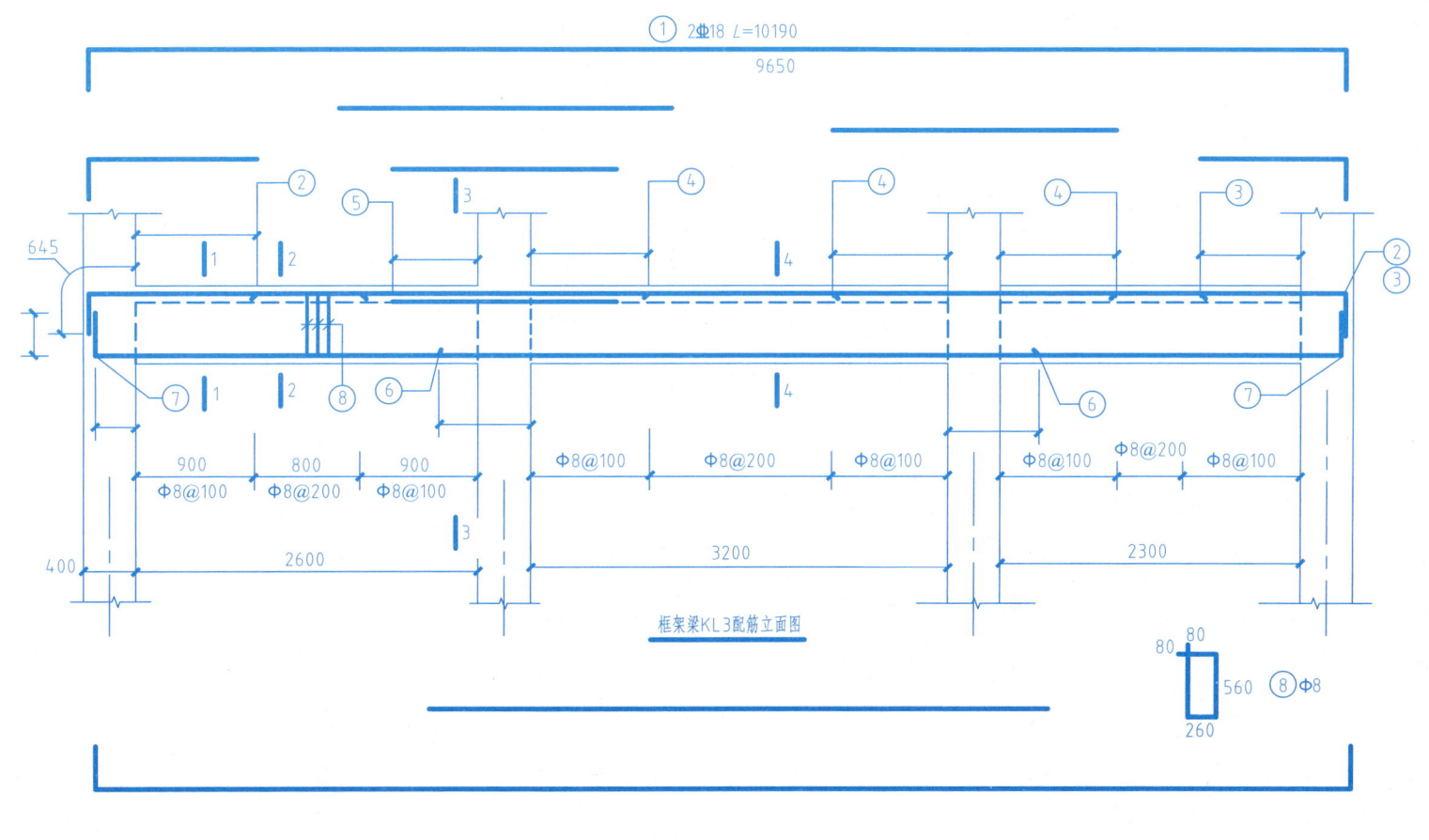

框架梁KL3配筋立面图

第15章 结构施工图

梁平法施工图

3. 阅读二层梁平法施工图，并回答下列问题：
（1）该层结构图中共有多少种梁？分别是哪些？这些梁分别配置有哪几种钢筋？钢筋的用量分别是多少？
（2）解读图中梁的平法标注，并用1:50比例参照本习题集91页格式绘制梁的传统配筋图。

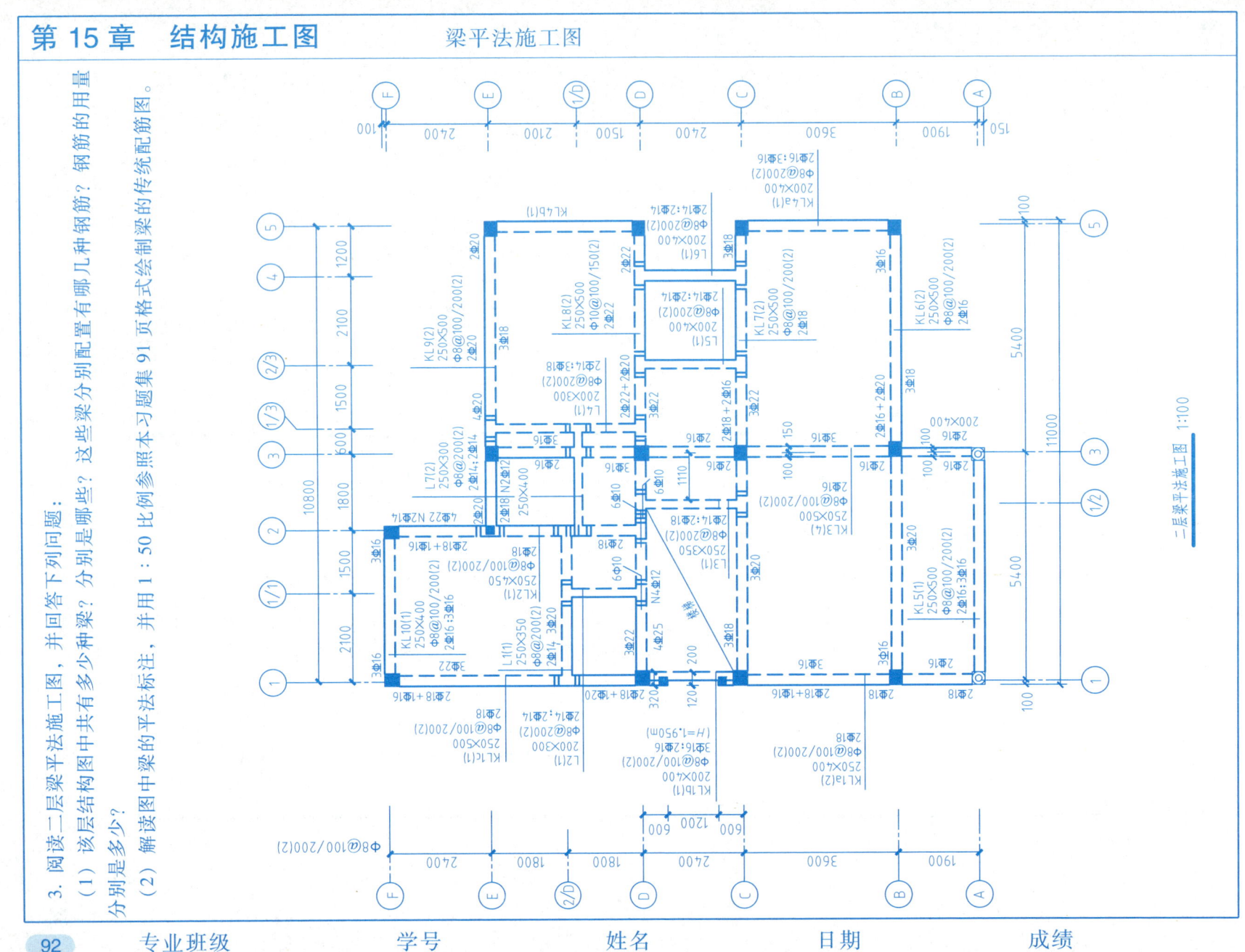

二层梁平法施工图 1:100

第15章 结构施工图 — 柱平法施工图

1. 阅读柱的平面整体配筋图，根据柱表中的配筋值，绘制柱 Z_1-Z_3 配筋断面图。

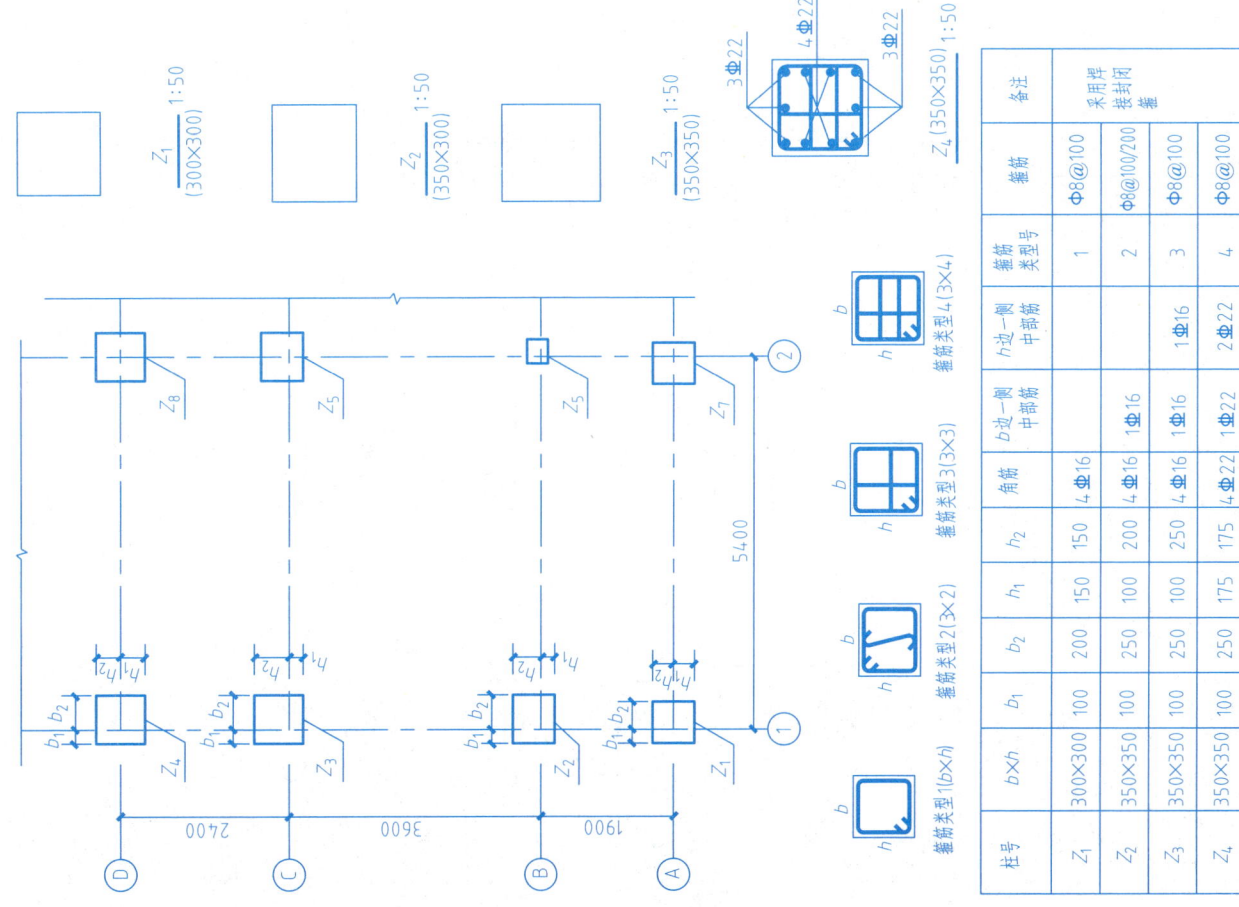

专业班级　　学号　　姓名　　日期　　成绩

第15章 结构施工图 基础图

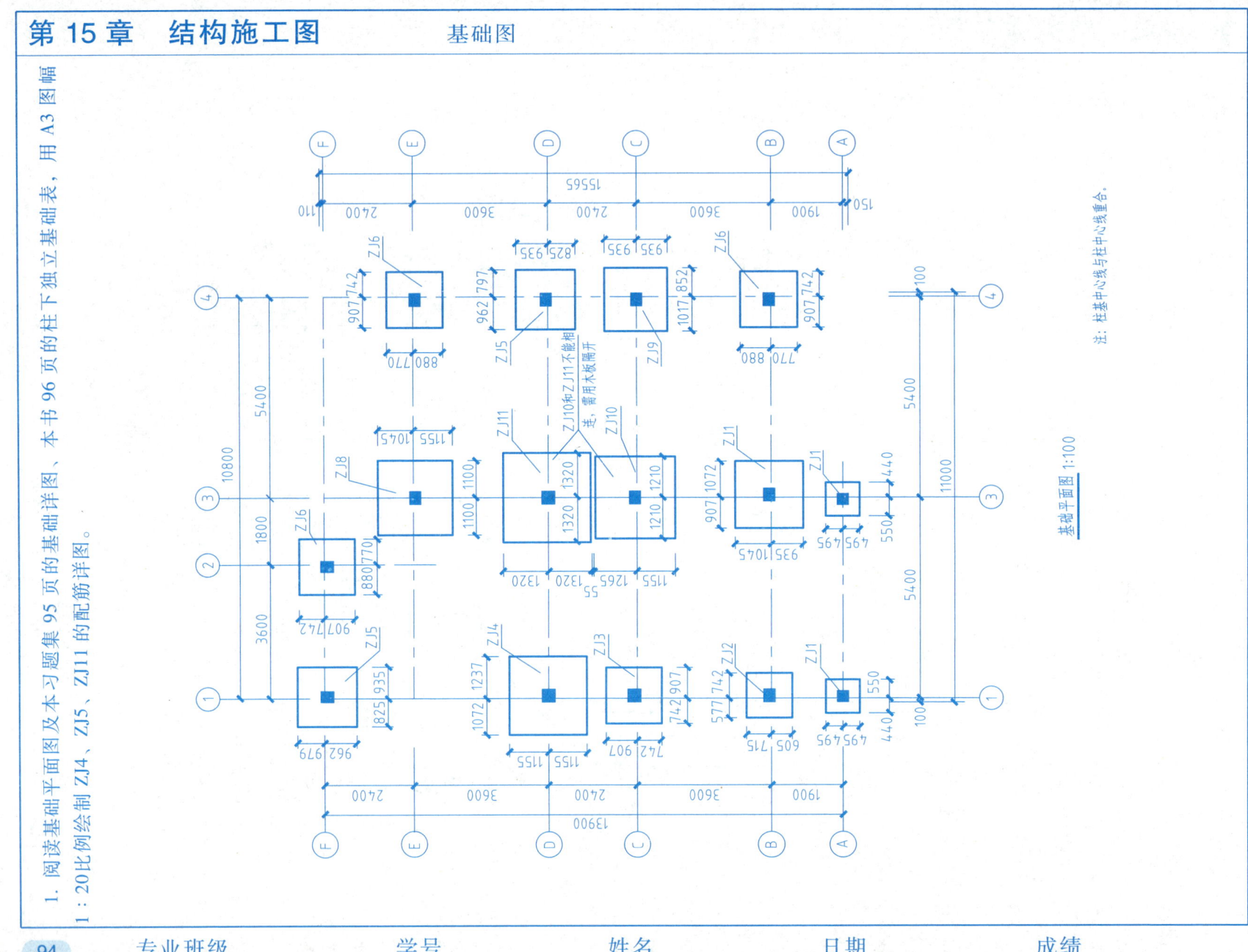

1. 阅读基础平面图及本习题集95页的基础详图，本书96页的柱下独立基础表，用A3图幅1:20比例绘制ZJ4、ZJ5、ZJ11的配筋详图。

第15章 结构施工图　基础图

2. 基础详图。

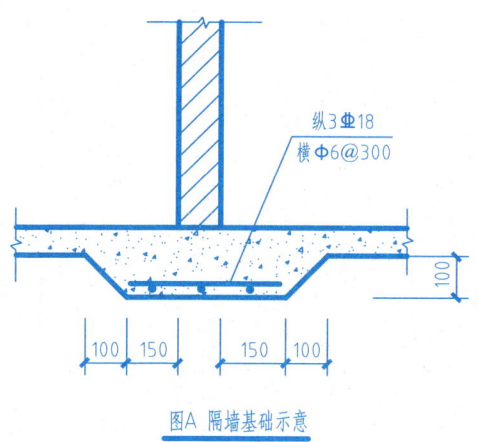

图A 隔墙基础示意

说明：
1. 本工程采用钢筋混凝土柱下独立基础，以粉质黏土层为基础持力层，地基承载力特征值为210kPa。基础埋深除达到设计要求外，必须深入实土300mm。
2. 材料：柱基混凝土强度等级为C25；钢筋种类为HPB235(φ)、HRB400(Φ)，100厚素混凝土垫层用C10混凝土。
3. 钢筋保护层厚度：基础底板为40mm。
4. 内外地台高差为300mm。
5. 基坑开挖完后及时施工，严禁暴晒，严禁雨季施工，施工完基础后应立即回填，回填时严实操作。
6. 基坑柱的纵筋直径及条数、箍筋直径及其形式同一层柱。
7. 除柱表备注注明外，与柱长边h方向平行的基础底板钢筋放在下层。
8. 首层隔墙下如无基础时，则隔墙砌筑在加厚的混凝土垫层上，详见图A。

基础详图

第 15 章 结构施工图

基础图

柱下独立基础表(尺寸单位为mm)

基础编号	类型	柱编号	柱断面 $b \times h$	基础平面尺寸											基础高度				
				A	a_1	a_2	a_3	a_4	B	b_1	b_2	b_3	b_4	b_5	H	H_j	H_0	h_1	C
ZJ1	1		300×300	900	300				900	300					2000	300	1700	300	
ZJ2	1		300×350	1200	425				1200	450					2000	300	1700	300	
ZJ3	1		350×350	1500	575				1500	575					2000	400	1600	400	
ZJ4	1		350×350	2100	875				2100	875					2000	500	1500	500	
ZJ5	1		300×350	1600	625				1600	650					2000	400	1600	400	
ZJ6	1		300×350	1500	575				1500	600					2000	400	1600	400	
ZJ7	1		300×350	1800	725				1800	750					2000	400	1600	400	
ZJ8	1		300×350	2000	825				2000	850					2000	500	1500	500	
ZJ9	1		300×350	1700	675				1700	700					2000	400	1600	400	
ZJ10	1		300×350	2200	925				2200	950					2000	500	1500	500	
ZJ11	1		350×350	2400	625	375			2400	650	375				1400	600	300		

基础编号	类型	柱编号	柱断面 $b \times h$	基础底板配筋		
				④	⑤	h_4
ZJ1	1		300×300	6 Φ12@180	6 Φ12@180	
ZJ2	1		300×350	8 Φ12@180	8 Φ12@180	
ZJ3	1		350×350	9 Φ12@180	9 Φ12@180	
ZJ4	1		350×350	13 Φ12@180	13 Φ12@180	
ZJ5	1		300×350	10 Φ12@180	10 Φ12@180	
ZJ6	1		300×350	9 Φ12@180	9 Φ12@180	
ZJ7	1		300×350	11 Φ12@180	11 Φ12@180	
ZJ8	1		300×350	12 Φ12@180	12 Φ12@180	
ZJ9	1		300×350	10 Φ12@180	10 Φ12@180	
ZJ10	1		300×350	13 Φ12@180	13 Φ12@180	
ZJ11	1		350×350	14 Φ12@180	14 Φ12@180	300

XB1

XB2(XB3)

第16章 道路路线工程图

1. 阅读道路路线纵断面图，在资料表中补上填高（正）或挖深（负）值，并回答下列问题：

   (1) 凸形竖曲线在何处？标高、设计半径、切线和矢距各为多少？

   (2) 凹形竖曲线在何处？标高、设计半径、切线和矢距各为多少？

   (3) JD8、JD9、JD10 分别表示什么？分别是左偏角还是右偏角？在哪处转弯设置有缓和曲线？

第 16 章 道路路线工程图

2. 阅读右侧公路路线横断面图,并回答下列问题:

(1) 填方、挖方、半填半挖方路基各有几个?各自的里程桩号是什么?

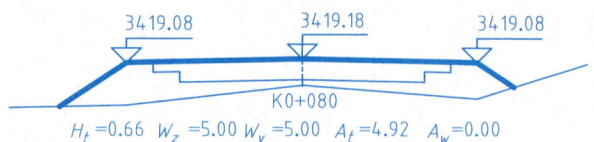

(2) 断面图所注高程为何处的高程?

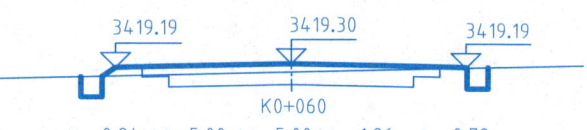

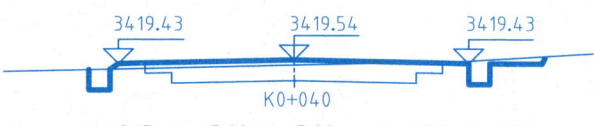

(3) 说明 $H_t=0.10$,$W_z=5.00$、$W_y=5.00$,$A_t=0.66$,$A_w=1.55$ 的意义。

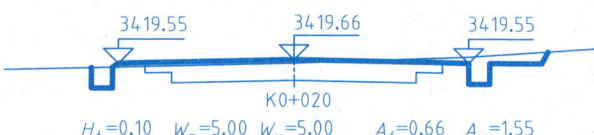

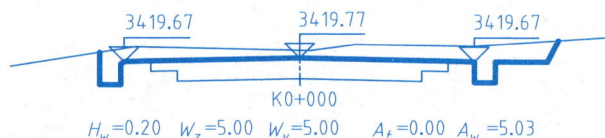

第17章　桥、隧、涵工程图　　桥梁工程图

1. 钢筋混凝土 T 形梁桥上部构造图

目的：熟悉钢筋混凝土 T 形梁桥上部一般构造的内容和表达方法。

已知条件：T 形梁桥上部构造的半立面图，半纵、半横剖面图和轴测图，栏杆详图，见下页图例。

要求：

（1）用 A3 图纸按 1∶50 的比例抄绘立面图（半立面、1—1 半纵剖面）和半横剖面图，用 1∶10 比例抄绘栏杆详图，并书写说明。

（2）按 1∶50 的比例补画合成平面图（即：画半平面图和梁格半平面图）。

（3）平面图需注出主要尺寸，其他图的尺寸可按原图抄写。

注意事项：

（1）T 形梁桥的上部，除桥面铺装为混凝土外，其余全部为钢筋混凝土结构，画图时应按图例表示。

（2）图线要求：图中剖到或可见轮廓线，均用粗实线（0.7mm），尺寸线、尺寸界线、图例用细实线（0.18mm）。

（3）字体要求：尺寸数字用 3.5 号字，图名用 7 号字，其他汉字及比例数字用 5 号。

第17章 桥、隧、涵工程图　桥梁工程图

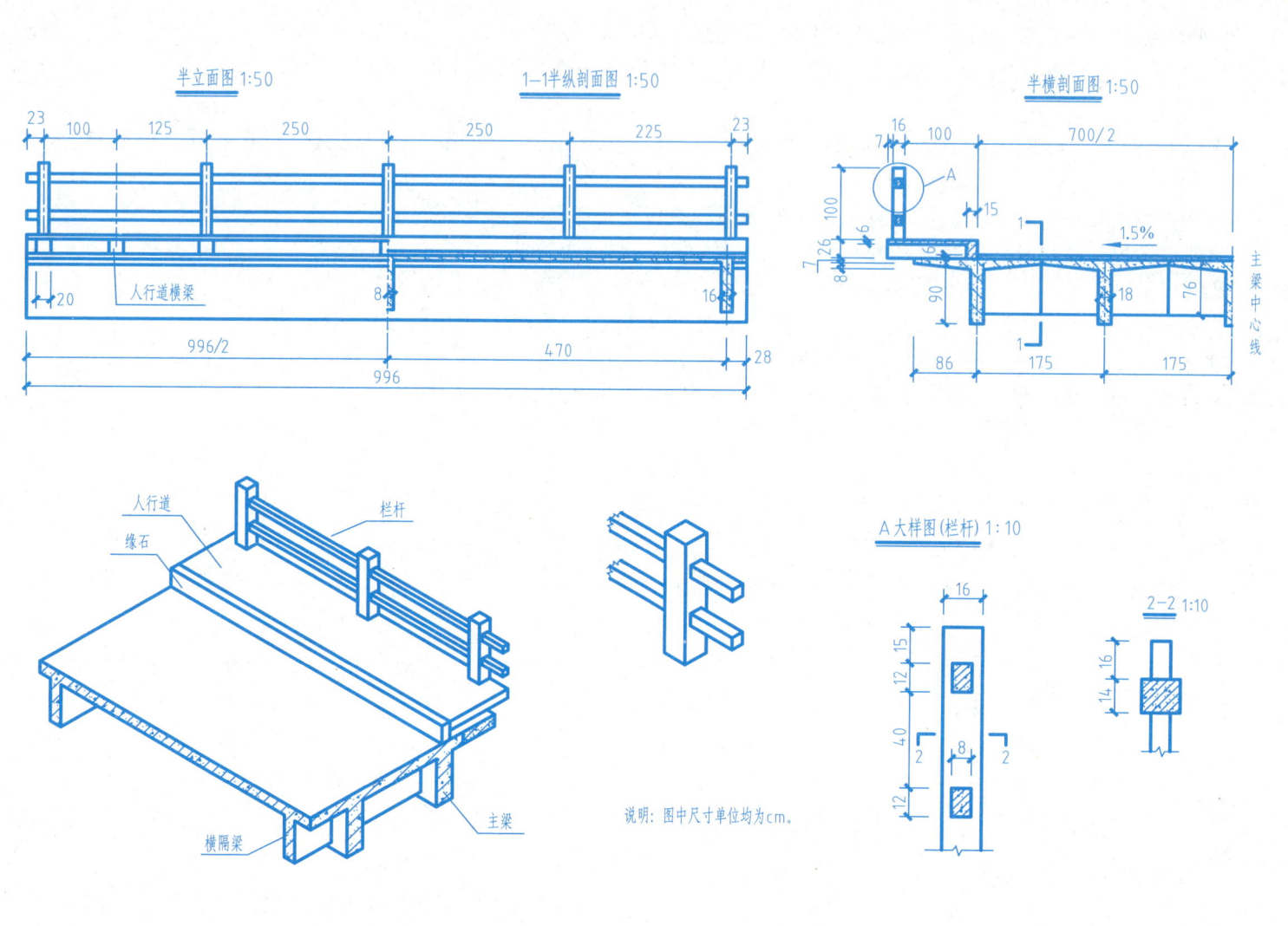

第17章 桥、隧、涵工程图

桥梁工程图

2. 墩帽钢筋布置图

目的：

（1）熟悉并掌握墩帽钢筋布置图的画法。

（2）提高绘图和识图能力。

已知条件：墩帽部分配筋图，见下页图例。

要求：

（1）用 A3 图纸按 1：30 比例抄绘墩帽配筋立面图、墩帽钢筋抽离图、1—1 半断面图，按 1：20 比例抄绘 3—3 断面图，书写说明并标注尺寸。

（2）按 1：20 比例补画 2—2 断面图，并标注尺寸。

注意事项：

（1）断面图中上下小方格内的数字代表钢筋编号。

（2）图线要求：尺寸线、尺寸界线、模板外轮廓线用细实线（0.18mm），箍筋用中实线（0.35mm），钢筋用粗实线（0.7mm），钢筋断面用实心圆表示。

（3）字体要求：尺寸数字和钢筋编号用 3.5 号字，材料表中的汉字和断面编号用 5 号字，图名用 7 号字，其他汉字及比例用 5 号。

钢筋编号	长度/cm	直径/mm	根数	总长/m
1	933	Φ20	6	56.0
2	1006	Φ20	2	20.2
3	940	Φ20	2	18.8
4	430	Φ20	4	17.2
5	940	Φ20	4	37.6
6	893	Φ8	2	17.9
7	358	Φ8	62	222.0
8	平均298	Φ8	32	95.4

直径/mm	总长度/m	总质量/kg
Φ20	149.8	369.4
Φ8	335.3	132.4
合计		501.8

第17章 桥、隧、涵工程图　　桥梁工程图

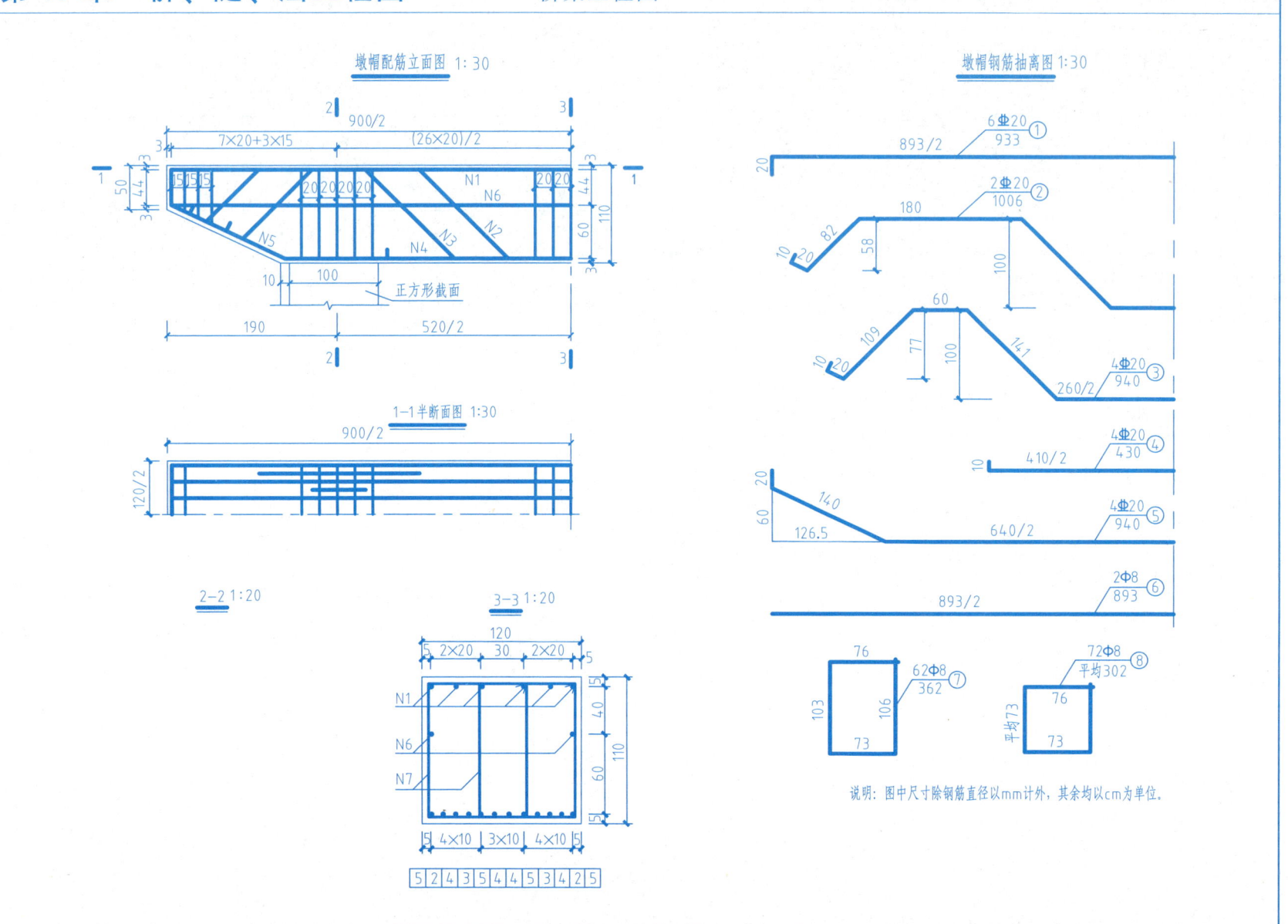

第 18 章　水利工程图

1. 已知水闸闸室的两投影图，将正投影图改为 A—A 全剖视图。

2. 已知渠道的纵剖视图、平面图、A—A 剖面、B—B 剖面，作出 C—C 剖面、D—D 剖面。

第 18 章　水利工程图

3. 已知跌坎的平面图和纵剖视图，作跌坎的 A—A 剖视图。

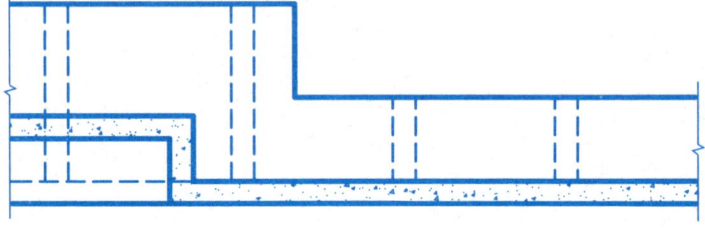

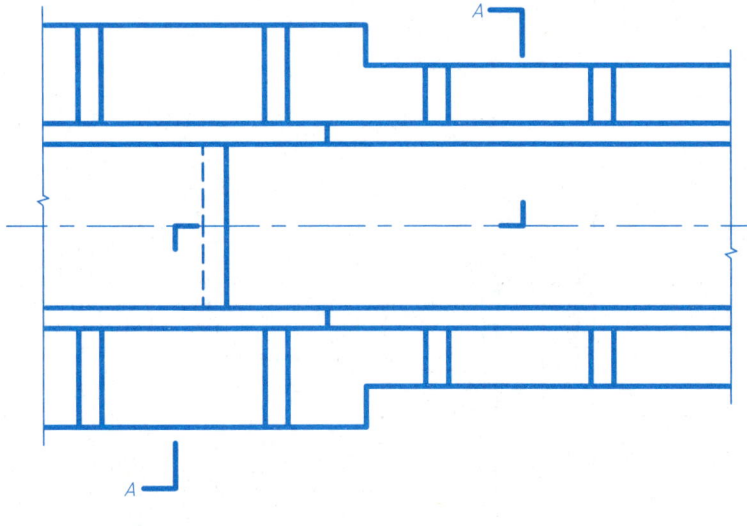

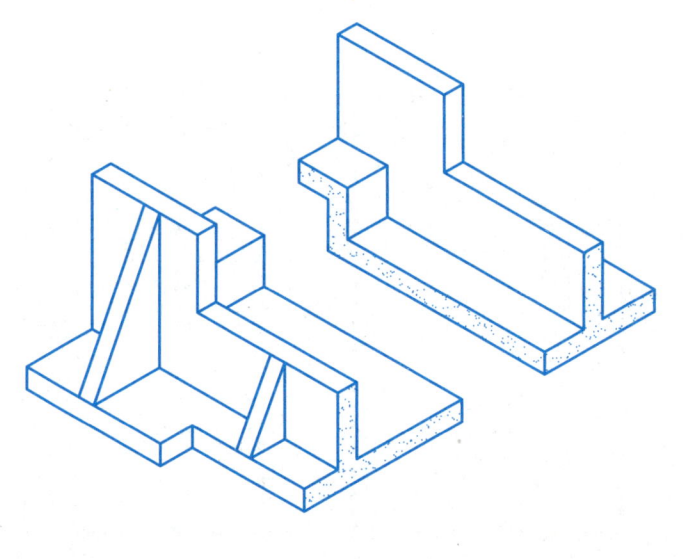

第 18 章　水利工程图

4. 已知分水闸的平面图和纵剖视图，作 A—A、B—B 剖面图。

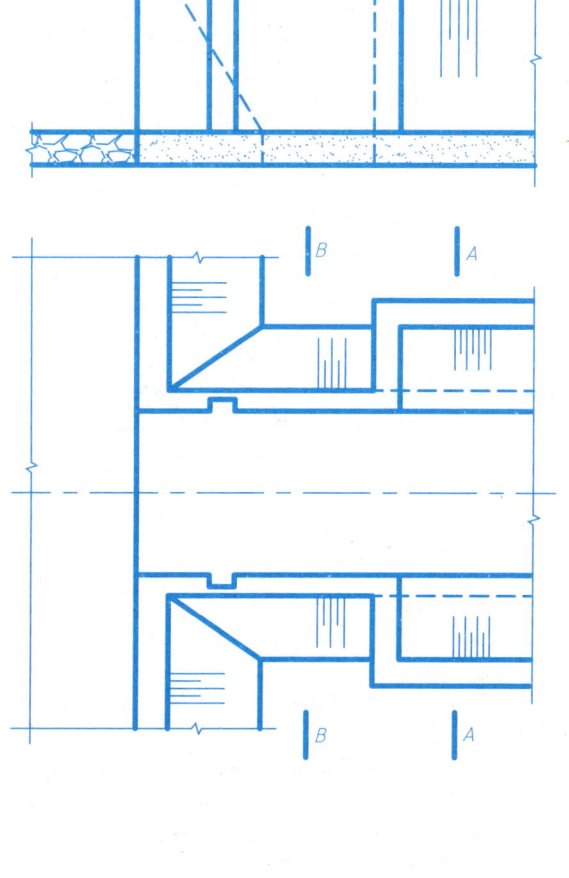
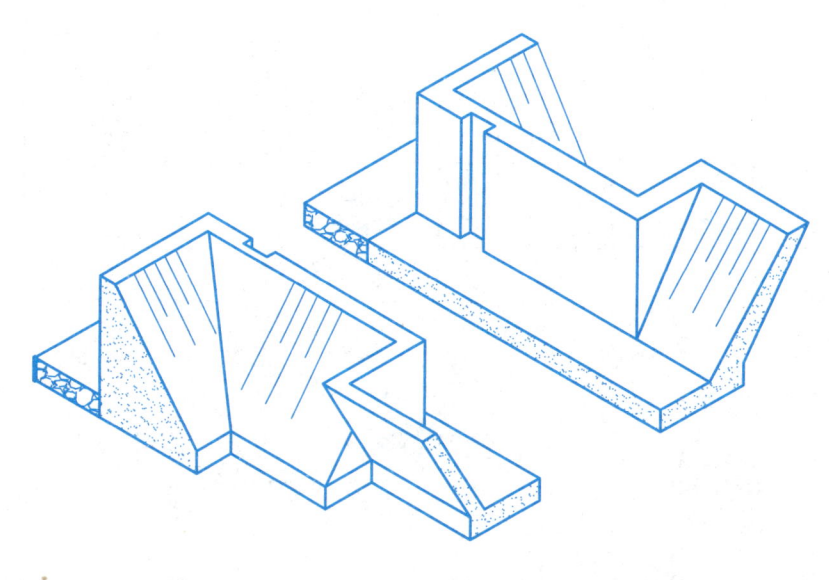

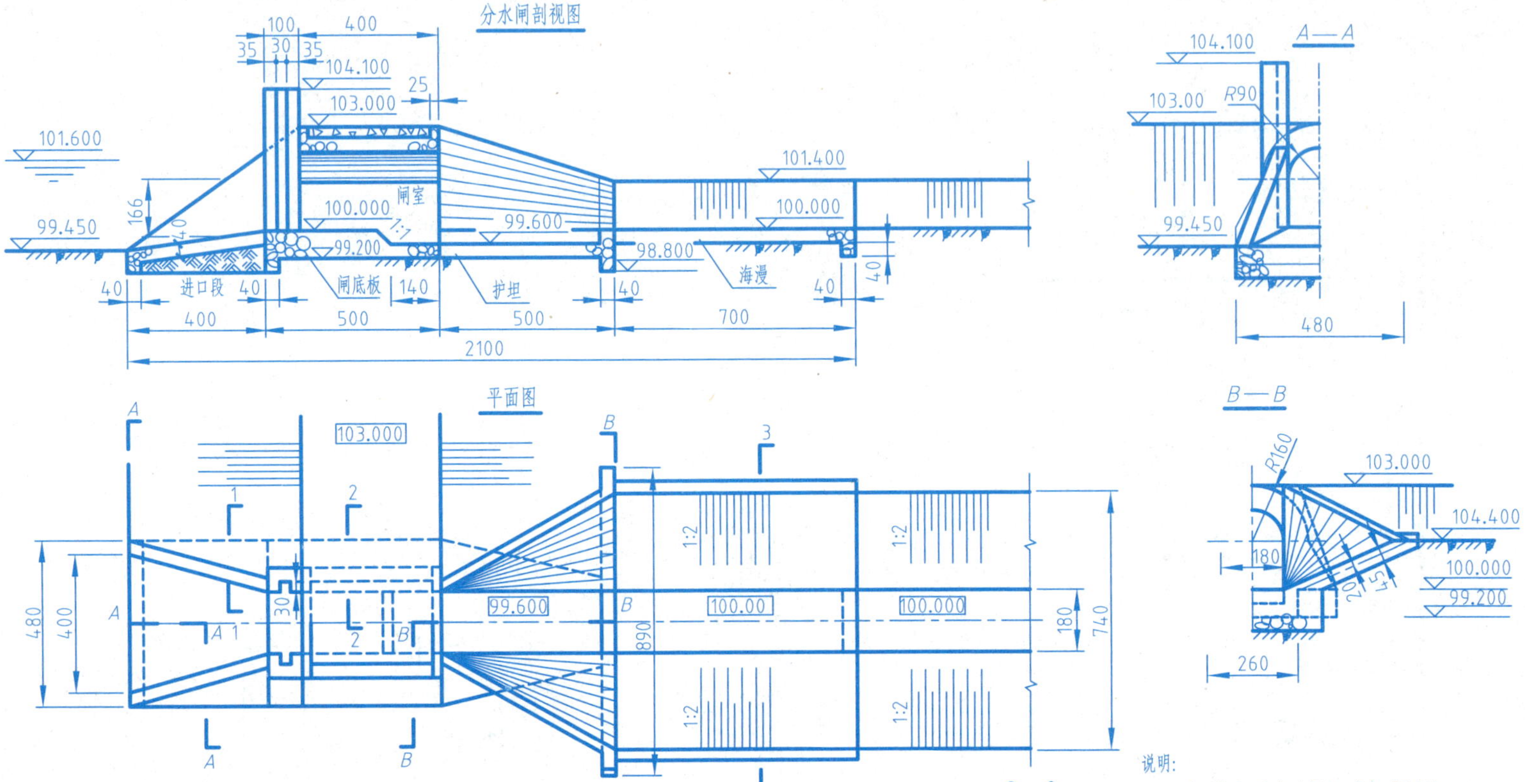

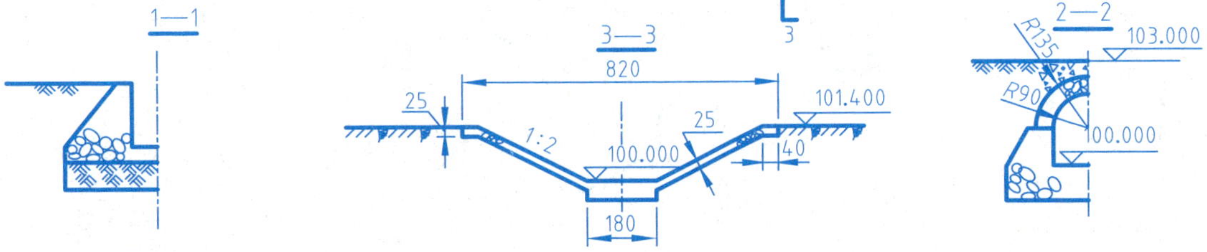

第18章　水利工程图

说明：
1. 本图尺寸、高程以米计，其余以厘米计。
2. 平面图中以对称线为界，前半部分未填土示出。
3. 比例1:100。

作业要求：
1. A2图幅，按1:100比例铅笔绘图。
2. 抄绘分水闸剖面图、平面图和3—3断面图。
3. 完成A—A剖面图、B—B剖面图。
4. 尺寸起止符号也可以用45°中粗斜线。

第18章 水利工程图

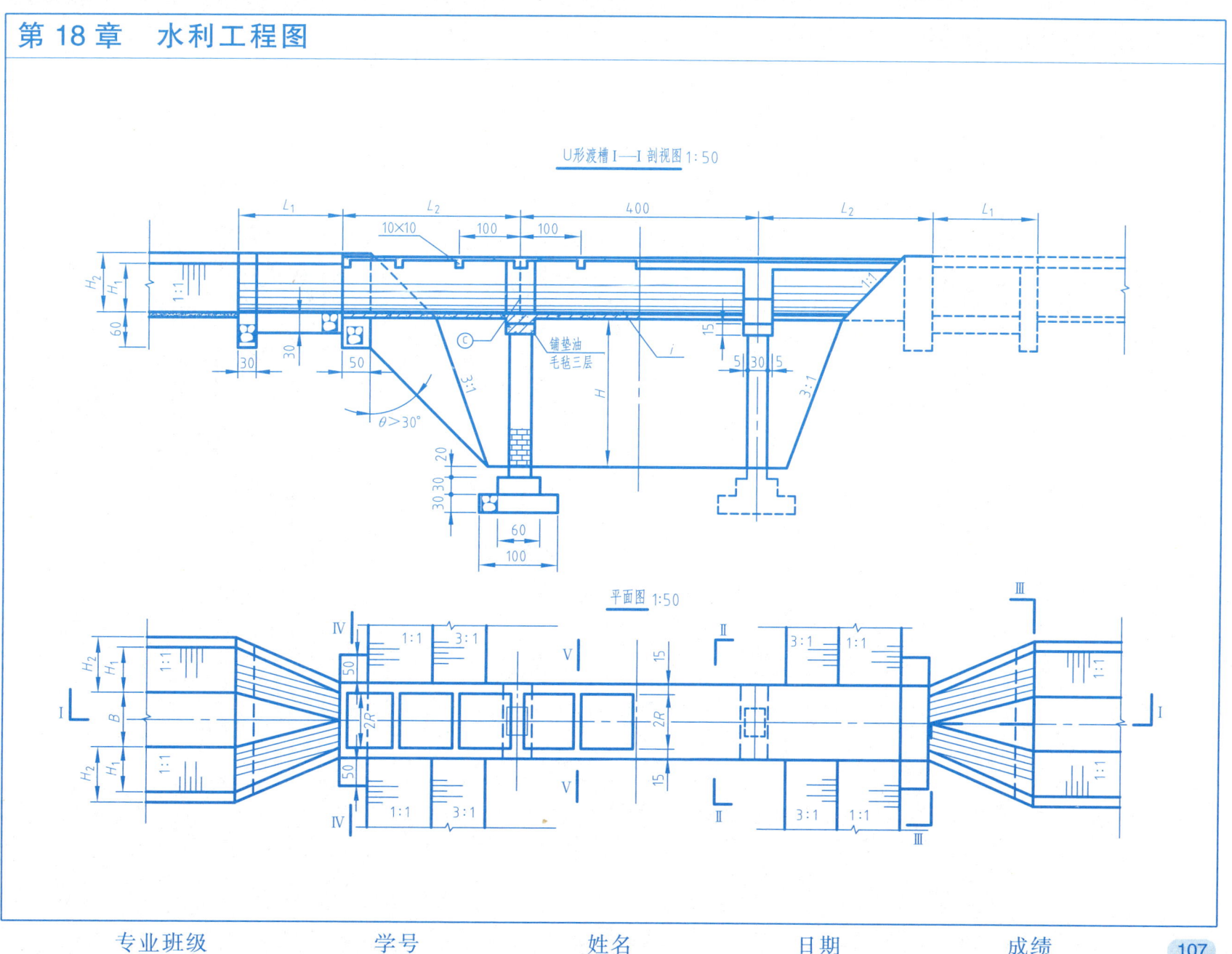

第 18 章 水利工程图

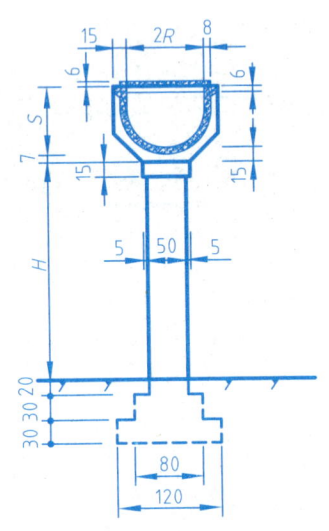

Ⅱ—Ⅱ 剖视图 1:40

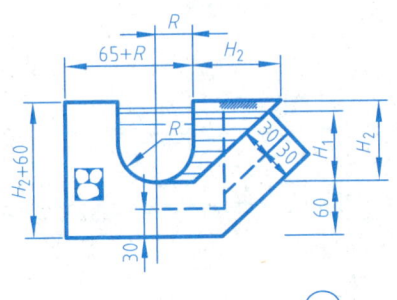

Ⅲ—Ⅲ 剖视图 1:40

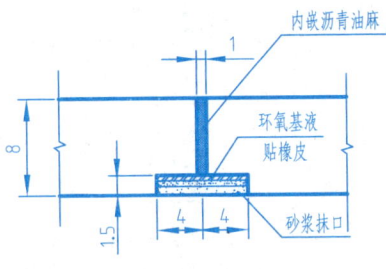

C 大样图 1:4

内嵌沥青油麻
环氧基液贴橡皮
砂浆抹口

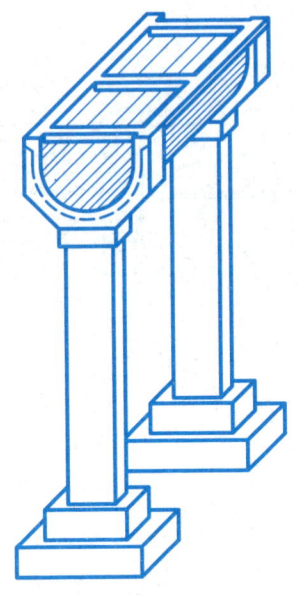

说明：
1. 尺寸单位为cm。
2. 墩帽按构造配筋。

各部尺寸表

编号 代号	流量Q/(m³/s)	H_2/m	H_1/m	B/m	L_1/m	L_2/m	S/m	R/m	i	H/m
1	1.0	1.00	0.85	1.0	2.4	3.6	0.88	0.5	1/200	
2	0.8	0.90	0.80	0.8	2.4	3.6	0.88	0.5	1/350	4.5
3	0.6	0.85	0.75	0.6	2.4	3.6	0.84	0.4	1/300	
4	0.4	0.80	0.70	0.5	2.0	3.0	0.84	0.4	1/400	

作业要求：
1. 用A2图幅，按图中标注比例，铅笔绘图。
2. 抄绘渡槽平面图和Ⅰ—Ⅰ、Ⅱ—Ⅱ、Ⅲ—Ⅲ剖视图。
3. 用1:20比例，补充绘制Ⅳ—Ⅳ和Ⅴ—Ⅴ剖面图。
4. 尺寸起止符号也可以用45°中粗斜线。

第19章　建筑给水排水工程施工图

1. 阅读如下盥洗卫生间一平面详图，用 1∶50 比例绘制卫生间给水排水轴测图。

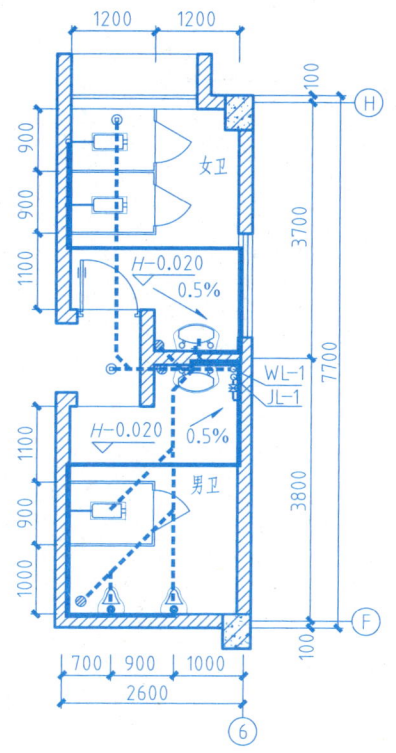

卫生间一平面详图 1∶50

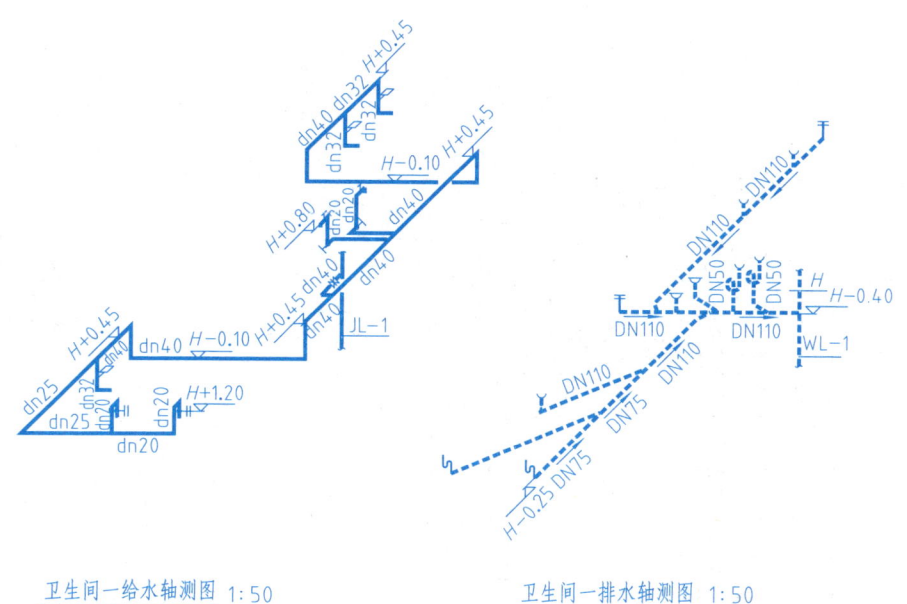

卫生间一给水轴测图 1∶50　　　卫生间一排水轴测图 1∶50

第 19 章　建筑给水排水工程施工图

2. 阅读如下盥洗卫生间二平面详图，用 1：50 比例绘制卫生间给水排水轴测图。

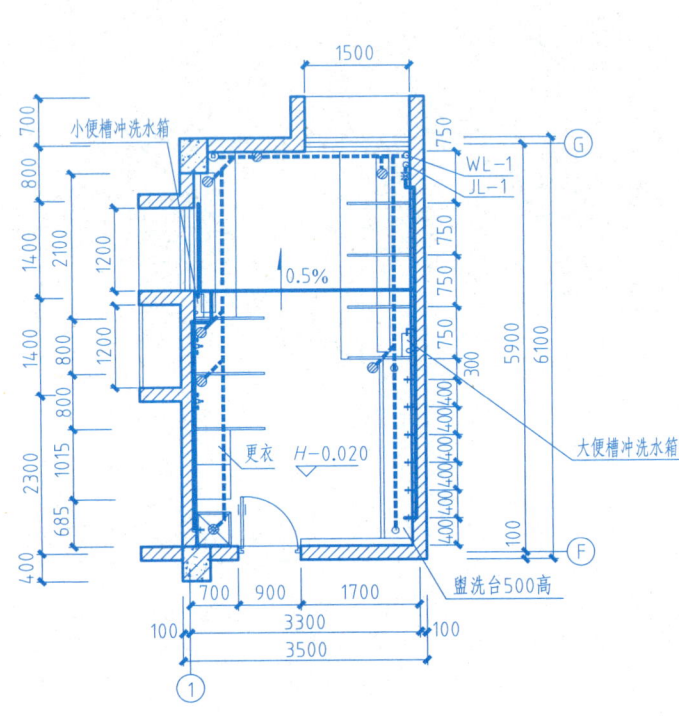

盥洗卫生间二平面详图 1:50

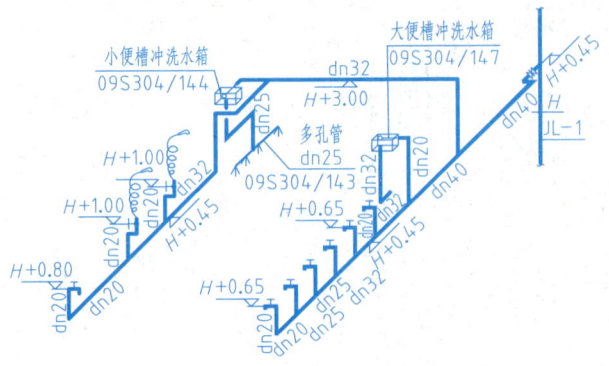

卫生间二给水轴测图 1:50

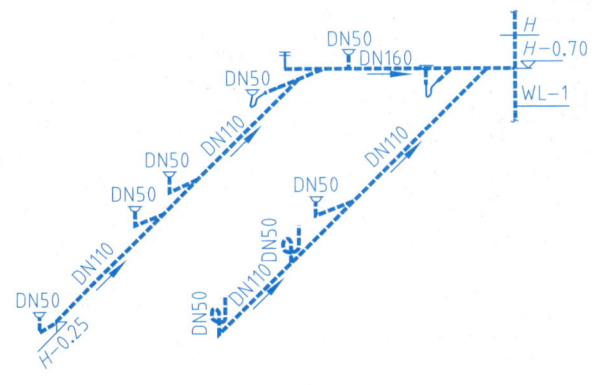

卫生间二排水轴测图 1:50

测试题

1. 求作下图的 W 面投影，在投影图上注明各指定表面的名称，并判别指定的平面对投影面的相对位置。

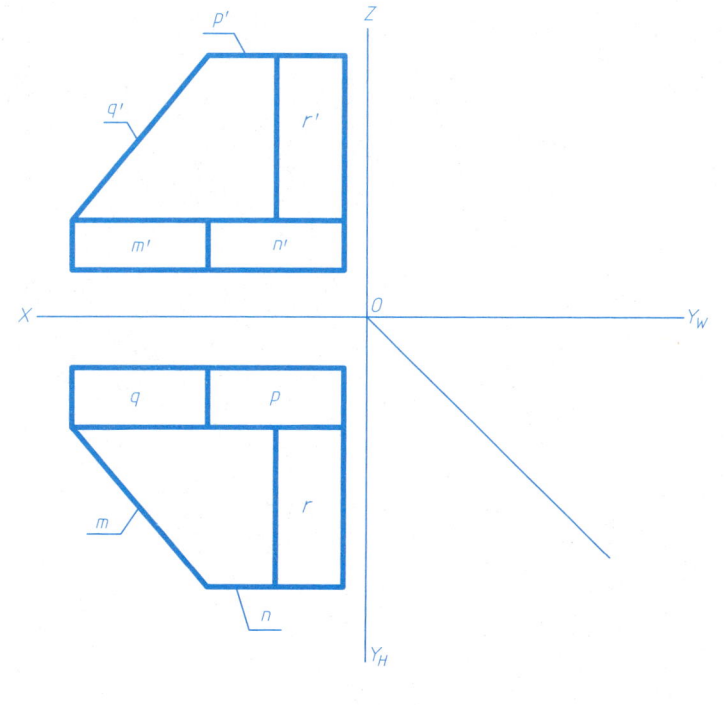

P 是_____面
R 是_____面   Q 是_____面
M 是_____面   N 是_____面

2. 已知直线 AB 的 H 面投影和点 a 的 V 面投影，AB 的实长为 30mm，B 点在 A 点右上方，求直线 AB 的 V、W 面投影。

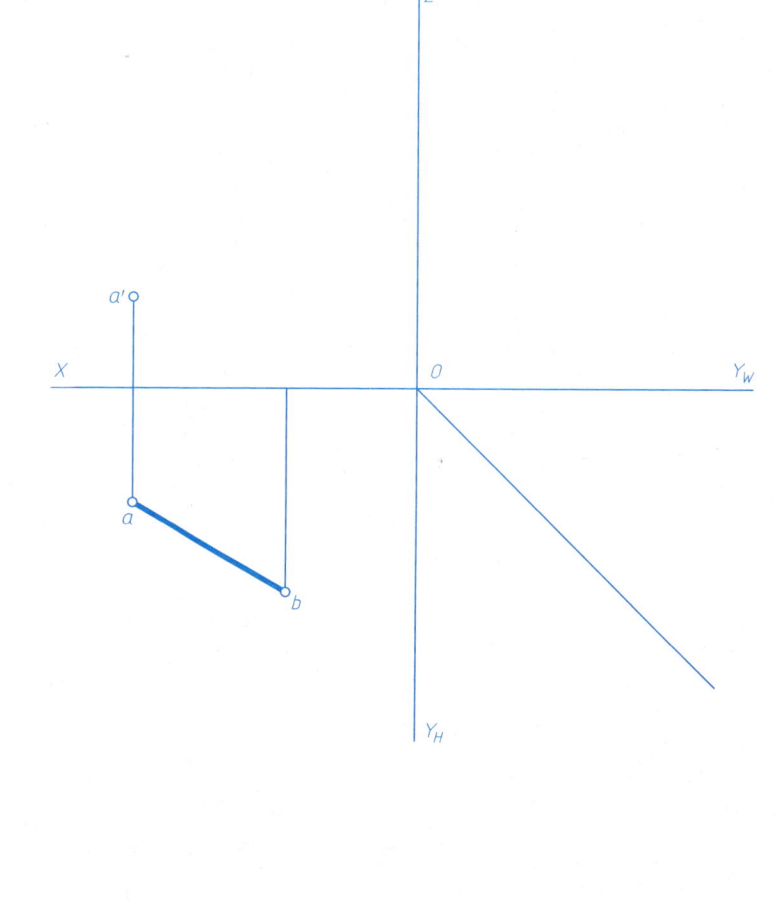

测试题

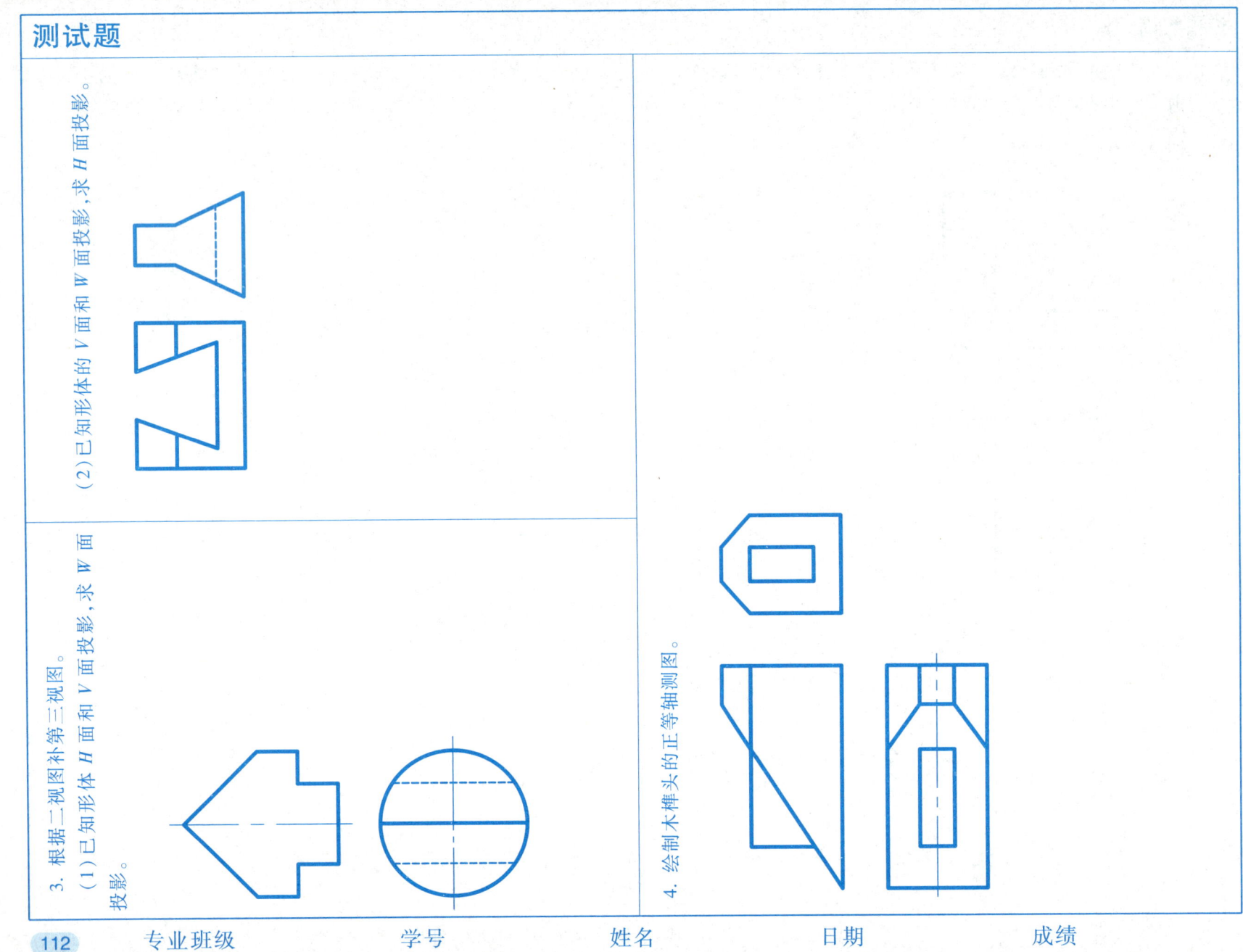

测试题

5. 完成圆锥被平面截切后的 H、W 面投影。

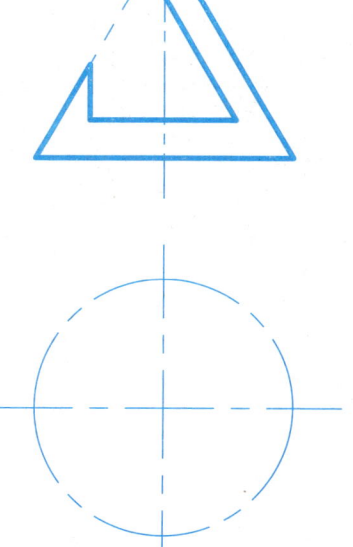

6. 完成圆锥与三棱柱表面交线的 V 面投影。

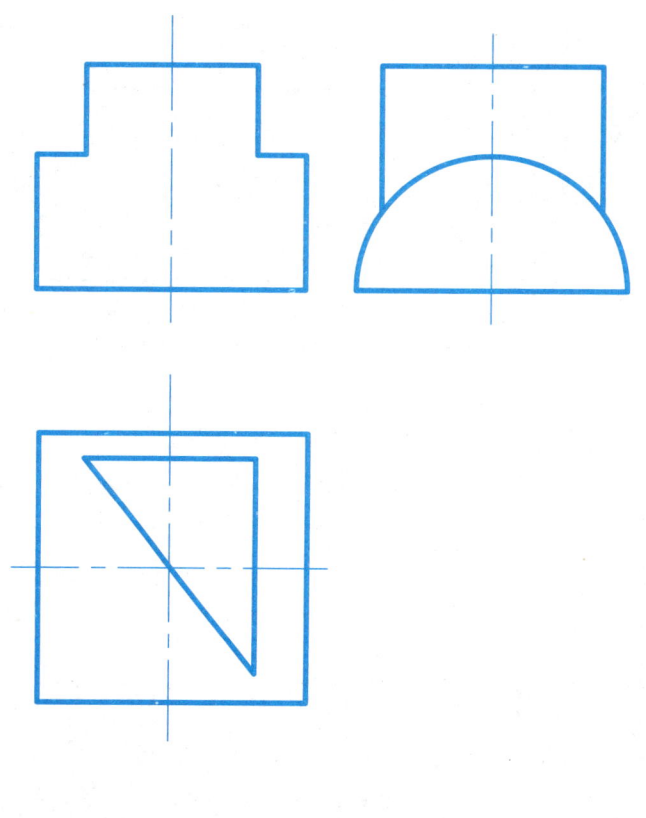

测试题

7. 求三棱柱与三棱锥的交线。

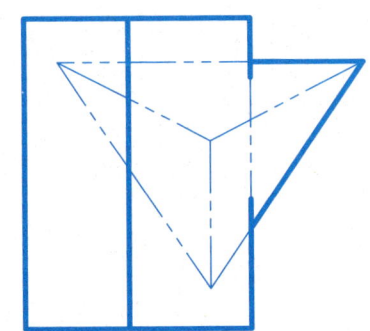

8. 在高程为±0.00的地面上开挖一基坑，其平面形状及各坡面坡度均如图所示，求坡面交线及开挖线。

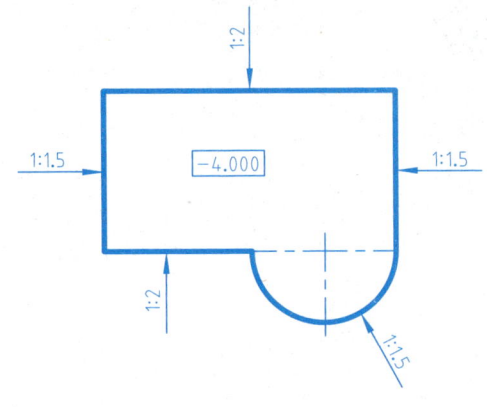

测试题

9. 根据给出房子的立体图及正立面图、水平面图和左侧立面图，在指定位置补画右侧立面图和背立面图。

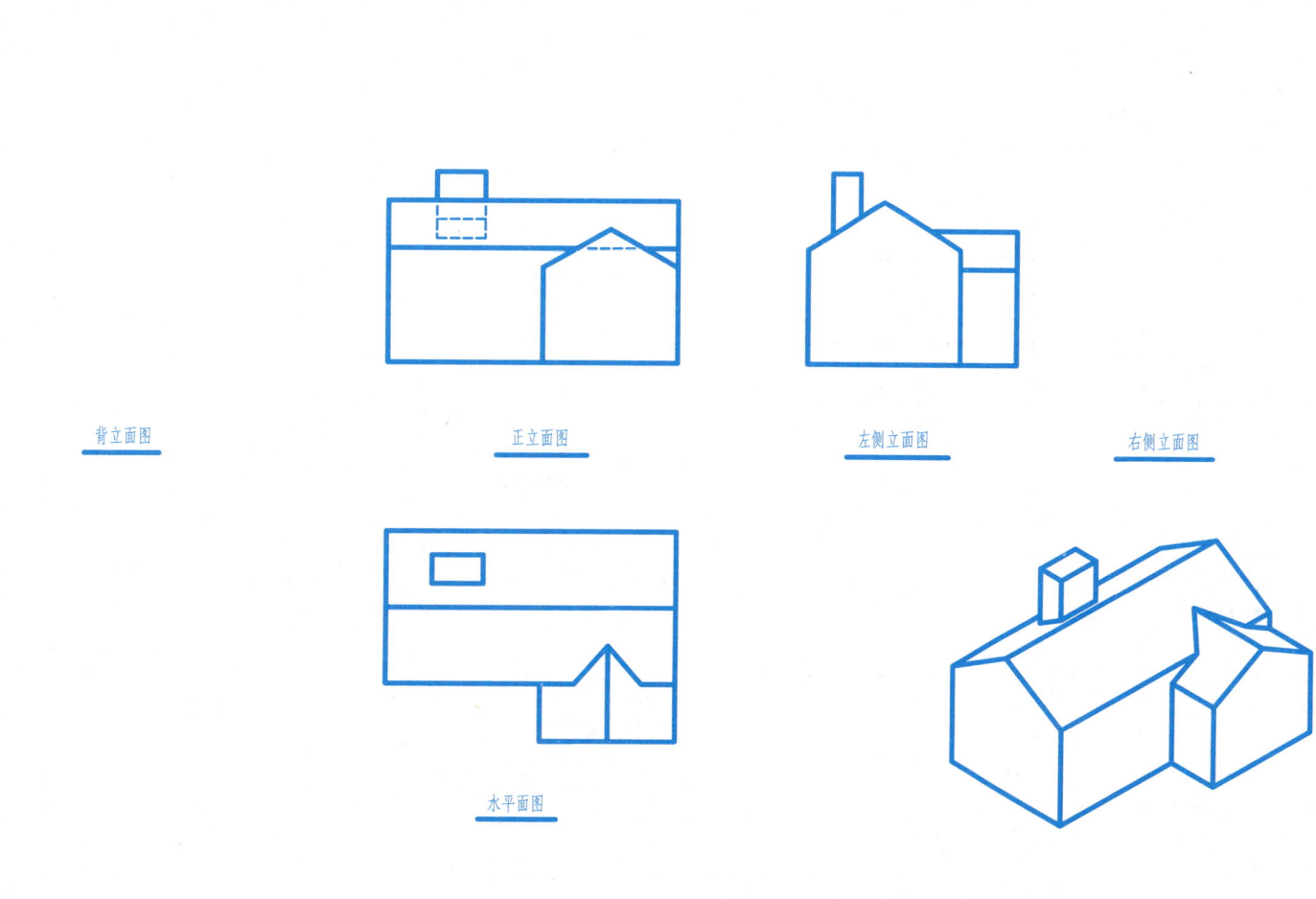

背立面图　　　　正立面图　　　　左侧立面图　　　　右侧立面图

水平面图

测试题

10. 根据形体的 H、V、W 面投影图，在指定位置作出 1—1 剖面图和 2—2 断面图。

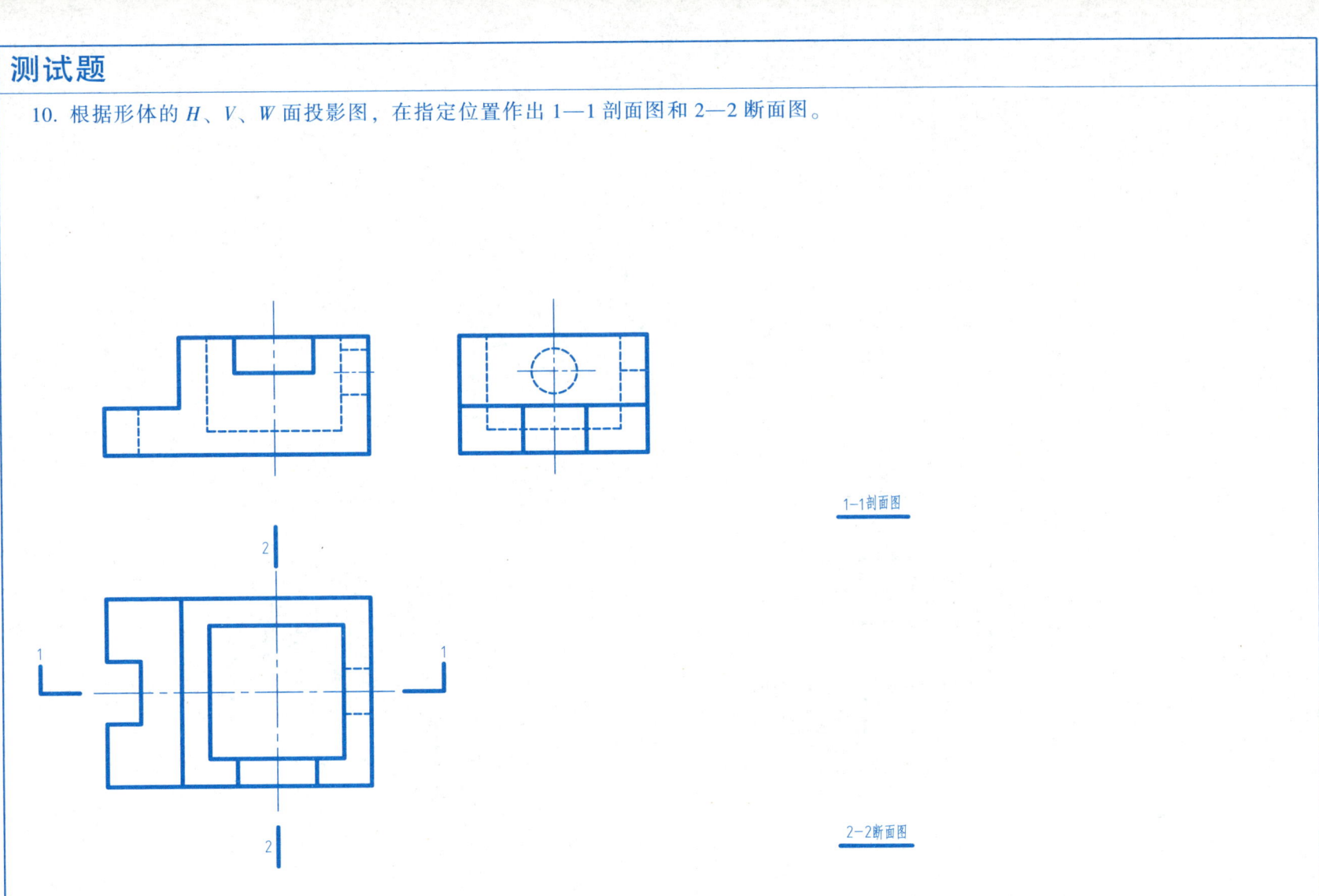

1-1剖面图

2-2断面图

参 考 文 献

[1] 李鑫. 建筑制图标准学用指南 [M]. 北京：中国质检出版社, 中国标准出版社, 2017.
[2] 李勇. 技术制图国家标准应用指南 [M]. 北京：中国标准出版社, 2008.
[3] 中国建筑标准设计研究院. 总图制图标准：GB/T 50103—2010 [S]. 北京：中国建筑工业出版社, 2011.
[4] 中国建筑标准设计研究院. 建筑制图标准：GB/T 50104—2010 [S]. 北京：中国计划出版社, 2011.
[5] 中国建筑标准设计研究院. 房屋建筑制图统一标准. GB/T 50001—2017 [S]. 北京：中国建筑工业出版社, 2018.
[6] 中国建筑标准设计研究院. 建筑结构制图标准：GB/T 50105—2010 [S]. 北京：中国建筑工业出版社, 2010.
[7] 全国技术制图标准化技术委员会. 技术制图 字体：GB/T 14691—1993 [S]. 北京：中国标准出版社, 1993.
[8] 中华人民共和国国家发展和改革委员会. 水利水电工程基础制图标准：DL/T 5347—2006 [S]. 北京：中国电力出版社, 2007.
[9] 中国建筑科学研究院. 混凝土结构设计规范 2015 年版：GB 50010—2010. [S]. 北京：中国建筑工业出版社, 2016.
[10] 长江勘测规划设计研究有限责任公司. 水利水电工程制图标准 基础制图：SL 73.1—2013 [S]. 北京：中国水利水电出版社, 2013.
[11] 长江勘测规划设计研究有限责任公司. 水利水电工程制图标准 水工建筑图：SL 73.2—2013 [S]. 北京：中国水利水电出版社, 2013.
[12] 中国建筑标准设计研究院. 建筑给水排水制图标准：GB/T 50106—2010 [S]. 北京：中国建筑工业出版社, 2010.
[13] 交通部公路规划设计院, 北京市市政设计研究院. 道路工程制图标准：GB 50162—1992 [S]. 北京：中国计划出版社, 1993.
[14] 中国建筑标准设计研究院. 混凝土结构施工图：平面整体表示方法制图规则和构造详图 现浇混凝土框架、剪力墙、梁、板：16G101—1 [S]. 北京：中国计划出版社, 2016.
[15] 罗慧中, 谢美芝. 土木建筑工程制图习题集 [M]. 北京：清华大学出版社, 2011.
[16] 周佳新, 王志勇. 土木工程制图习题及解答 [M]. 北京：化学工业出版社, 2015.
[17] 唐西隆, 罗康贤, 冯开平. 土木建筑工程制图习题集 [M]. 3 版. 广州：华南理工大学出版社, 2013.
[18] 聂旭英. 土木建筑制图习题集 [M]. 4 版. 武汉：武汉理工大学出版社, 2019.
[19] 陈美华, 袁果, 王英姿. 建筑制图习题集 [M]. 5 版. 北京：高等教育出版社, 2005.
[20] 王成刚, 孙靖立, 陈倩华. 画法几何及土木工程制图习题集 [M]. 武汉：武汉理工大学出版社, 2008.
[21] 贾洪斌, 雷光明, 王德芳. 土木工程制图习题集 [M]. 2 版. 北京：高等教育出版社, 2006.
[22] 何铭新, 李怀健. 画法几何及土木工程制图习题集 [M]. 3 版. 武汉：武汉理工大学出版社, 2009.